JN078396

著 **ぶせな**
BUSENA

最強のFX
15分足
デイトレード
実践テクニック

日本実業出版社

はじめに

　私が15年前にFXをはじめたときに思ったこと。それは、「勝てる人は、どんな手法を使っているのか？」でした。FXでそれなりに結果が出るようになった今、思うことは「トレードルールを自分で作ると勝てるようになる」です。

　このことに途中で気づき、自分でルールを作ってから、私は驚くほど勝てるようになりました。ルールがよかったというより、ルールを作るプロセスが上達につながっていたのです。

　FXの「デイトレード」は、ポジションの保有時間が数十分〜数時間におよぶトレードスタイルです。ムダなトレードはしたくないけれど、毎日エントリーして利益を出したいという方は多いと思います。デイトレードは、それを可能にするトレードスタイルです。
「トレードルールを作る」と聞くと、「なんだか面倒くさそうだな」と抵抗があるかもしれません。しかし、デイトレードのルールを決めることは、そんなに難しいことではありません。なぜかというと、「自分だけの決めごと」をするだけでいいからです。

　まずは、ルール通りにトレードをする。すぐに勝てるトレードルールを作るのは難しいかもしれませんが、ルールを作ることは誰でも可能です。**ルールを作り、検証して改善していく。勝てるトレードルールは、このプロセスを経て出来上がるものです。**ですから、簡単で構わないので、自分なりのルールを作ることからはじめましょう。

「とはいえ、何をどうすればいいの？」と思うはずです。そのため本書では、デイトレードのルールを作るためのアイデアを紹介していきます。ルールを作るには、思いついたアイデアや、値動きの気づきを書きとめるためのトレードノートが必要です。また、アイデアを増やすためのチャート分析方法や、その記録の残し方など、ルール作りのためのヒ

ントをまとめていきます。

　これからデイトレードをはじめたい人や、知識や経験はあるのに、なぜ利益が出ないのだろうかと悩んでいる人にとって、ルール作りのきっかけになれば幸いです。

　そして本書の特徴は、ところどころで、問題を出していることです。トレードルールを作るうえで、チャートを見て考える作業は欠かせません。いくらチャート分析方法を解説しようが、読んでいるあなたが使えないようでは意味がありません。ですから、ぜひ自分で考えて解いてみてください。トレードルールを作るには、疑問がわいたら自分で納得できる答えを見つけていく作業が必要です。その重要性をぜひ理解してほしいと思っています。

　ぜひ、最後まで読んでいただき、考えるクセをつけ、チャートから最大限の情報を引き出せるようになってください。

ぶせな

はじめに

Chapter 1

デイトレードで勝つための最強の取り組み方

Chapter **2**

強固な土台を作るチャート分析方法

Chapter 3

ラインは最もシンプルに機能する最強ツール

Chapter 4

インジケーターを使ってタイミングを測る

Chapter 5

デイトレードのルールを強固にする
資金管理と思考法

Chapter 6

トレード根拠を見つける練習問題

デイトレードで必ず勝つための思考法

カバーデザイン　井上祥邦（yockdesign）
本文デザイン　　浅井寛子

Chapter

1

デイトレードで勝つための
最強の取り組み方

効率よく稼げる
3つの理由を知ろう

デイトレードは効率よく利益をモノにできる手法

　FXにはスキャルピング、デイトレード、スイングトレードなど、いろいろなトレードスタイルがあります。最初はどのような基準で選んでいいか迷うかもしれません。

　また、トレードの経験がある方でも、今行なっているやり方が最善ではなく、「もっといい方法があるのではないか」と自信が持てないかもしれません。

　数秒単位のスキャルピング、数日間ポジションを保有するスイングトレードなど、FXで利益を上げる方法はいくらでもあります。なかでも、**数時間単位のデイトレードこそ、FXで「最も効率よく」利益を上げる手法ではないかと私は考えています。**私が専業トレーダーになった10年前は、数秒から数分で完結するスキャルピングで大きな利益を上げていました。しかし、時代が変われば相場も変わります。今ではデイトレードで利益を上げるほうが多くなりました。

　また、数時間単位のトレードを1日に数回行なうほうが、楽に感じるようになりました。簡単に勝てるということではなく、何十年にわたってFXで利益を上げ続けるには、デイトレードが最適だという意味で

す。その理由は、安定した利益を継続して出すことが可能だからです。特に、これからFXですぐに稼ぎたいだけでなく、長きにわたって利益を出したいというビギナーにおすすめの手法です。

では、なぜ安定した利益を出すことができるのでしょうか？　理由は、次の3点です。

デイトレードで安定した利益が出しやすい理由

・トレードルールが作りやすく実践と検証がしやすい
・利幅を伸ばすことが可能
・損益率のいいトレードができる

スキャルピングだと、慣れないうちは、取引回数や枚数にものをいわせた、粗削りなトレードになりがちです。トレードの回数が多いと、期待値が低いポイントでエントリーする場面が多くなり、効率が悪くなる可能性が高くなります。

FXでは、期待値がとても高いポイントはそんなに多くないのです。何億も稼ぐトレーダーは、期待値が高いポイントをたくさん知っていて、毎日かなりの勝ちトレードをこなしていると思われるかもしれません。しかし、トレードの回数が多くなれば、負けトレードも必然的に増えます。勝ち負けをこなしながら、トータルで勝っているのです。

期待値の高いポイントだけで1日何百回もトレードできれば、ほとんどが勝ちトレードになります。もしそうなら、あっという間に億を稼ぐことができます。そのようなトレーダーが少ないことからも、期待値の高いポイントはそう多くはないとわかります。

しかし、それでも日本中にスキャルピングの億トレーダーはたくさんいます。その理由は、**スキャルピングは損失を限定でき、数秒単位で相場の変化に対応できる唯一のトレード手法だからです**。期待値の高いポイントで売買を繰り返せば、利益が出るのは間違いありません。どんな手法であれ、やり方次第といえます。

私も、スキャルピングでコツをつかんでから5年ほどで、かなりの利益を出すことができました。ただ、スキャルピングはボラティリティ（相場の変動）があることが前提の手法なので、ボラティリティがないと、トレードをすることができません。しかし、為替市場は、年がら年中ボラティリティがあるわけではありません。ある時期は高ボラティリティで、そのあとは静かなレンジ相場が半年続くなどします。そうすると、稼げる時期とそうでない時期の差が激しく、安定とは程遠いやり方になってしまうのです。ある年は2000万円勝てたとしても、翌年は鳴かず飛ばずのマイナスということもあります。もしマイナスが続くと、メンタル的につらくなり、いずれリスクを取ったトレードができなくなります。リスクが取れないと、得られるリターンも少なくなり、じり貧が続いていき、いずれ資金が底をつくでしょう。

　その点、**デイトレードはボラティリティに関係なくどんな相場でもトレードできるので、比較的安定した利益が出せるトレード手法です。**スキャルピングよりもデイトレードのほうが優れているのではなく、デイトレードなら、どの時期にスタートしてもビギナーがいち早くコツをつかみやすいやり方なのです。

▌勝つためにはルールを作り、実践と検証が必要

　トレードスタイルは、経験を積むにつれて変化していきます。今考えている投資方針が、これから何十年も続くことはないかもしれません。今ベストだと思っているやり方は、1年先はベストではない可能性があります。

　また、年齢を重ねれば生活環境や考え方も変わり、取れるリスクやリターンも変化します。20代の独身の人と40代の家族持ちの人では、同じ投資方針であるとは考えにくいです。

　私がFXをはじめたのは、20代で独身の頃でした。43歳になった今でも、トレードで勝ちたい気持ちに変わりはありませんが、年齢とともに

投資方針は相当変化しています。スキャルピングのように数をこなして大きく稼ぐスタイルも魅力ですが、リスクを抑えて効率よく安定した利益を出すデイトレードのほうが取り組みやすいと考えています。

　みなさんはまず、スキャルピングが先か、デイトレードやスイングトレードが先かはあまり考えず、いろいろ試してみるのがいいでしょう。どんな手法でも、まずはコツをつかむことが大事です。勝つ感覚を早く身につけたいものです。そのためには、自分のトレードルールを作らなければなりません。デイトレードだと、そのルールが作りやすいです。

　ビギナーが上達するには、何が必要だと思いますか？　勝てるトレード手法でしょうか？　しかし、勝てるトレード手法を知ったとしても、トレード経験がなければ、それを扱うことができません。FXでは、同じ手法で100人がトレードしても、みな違う結果になります。それは、手法を実践するスキルが違うからです。勝てるトレード手法を知っただけでは、あなたのスキルが上がるわけではないのです。

　ビギナーがトレードスキルを上達させるには、次のステップが必要です。

ビギナーが上達するために必要なこと
① 自分でトレードルールを作る
② 実践して検証する

「トレードルールを作る」と聞くと、難しく感じるかもしれません。それは、勝てるトレードルールを想像するからではないでしょうか？　勝てるルールをビギナーがいきなり作るのは無理な話です。そこで、**勝てるルールではなく、勝てなくてもOKなルール**でいいのです。負けるルールというと変ですが、ルールでさえあれば、どんなものでもいいのです。

　そして大事なことは、そのルールを検証して改善していくことです。勝てないルールを改善せずにそのまま執行していけば、負け続けるだけ

です。もちろん、これでは意味がありません。**あるルールのもと自分でトレードし、それを検証していけば、必ずいいルールになっていきます**。最初から勝てるルールを作ろうとするから気持ちが重くなるのではないでしょうか。まずルールを作り、それを検証すれば勝てるようになります。本書ではルール作りのノウハウを教えていくので、読み終えたらすぐに作りましょう。

　ルール作りに必要な知識は、次のChapterから紹介していきます。頭のなかに内容が残っているうちに取り組んでください。ビギナーが最初にぶつかる壁は、何からはじめていいかわからないことです。ルールさえ作れば、あとは実践して検証するだけなので、やることはもう決まっています。これで、トレードで勝つには何をやればいいのか迷うことがなくなるのです。

　自分だけのルールさえ作ってしまえば、第一関門の大きな壁は突破したことになるので、あとはそれを改善していくだけです。地図もなく、操作方法もわからない船で大海原に出れば、遭難するのは明らかです。正確な地図があれば、それなりに優雅な船旅になるかもしれません。しかし、それを手に入れるまで待っていては、夢を見ているだけで人生が終わってしまいます。そうではなく、**自分なりに書いた地図と、操作方法がわかる小さい船で、とりあえず航海してみるほうがいいでしょう**。FXは、地図も船も、航海の途中でどんどん改善していくことができます。大損さえしなければ、あとは改善してよくなる一方なので、まずは航海してみてはどうでしょうか。

　デイトレードは、ポジションの保有時間が短すぎず、かといって長すぎないので、エントリーからイグジットまでのルールがテクニカルで決めやすく、相場観に頼らずに実践することができます。なぜエントリーするのか、なぜイグジットするのかを、誰にでもわかるように説明できるのがベストです。デイトレードだと、エントリーまでに事前準備が可能なので、この説明を丁寧にできます。根拠のあるトレードがしやす

く、1週間である程度のトレード回数もこなせるので、週末に検証することができます。トレードスタイルうんぬんではなく、ルールの作りやすさと検証のしやすさという点で最も適しているのがデイトレードというわけです。ですから、ビギナーが最短で上達できるのです。

利幅が伸ばせるトレードスタイルである

　ビギナーが陥りやすいトレードは、「勝率をよくしようとする」ことです。勝率がいいと、何となく勝った気分になりますよね。実は、FXで勝率を上げるには限界があります。

　上がるか下がるかの世界なので、適当にトレードしても勝率は50％です。そのため、スキルアップすれば60％や70％も可能だと思いがちです。しかし、どんなにスキルアップしようが、実戦で経験を積んでも勝率はそこまで上がりません。なぜかというと、今この時点でトレードスキルが完璧であることはないからです。どんな剛腕トレーダーでも、勝率100％という人はいません。勝てる時期と負ける時期は交互にやってきます。勝てない時期では、必然的に勝率は落ちて利益が出なくなります。しかし、彼らは損が出たポジションを早く切り、逆に、利益が乗ったポジションはさらに伸ばします。たとえ勝率が落ちようが、大損することがないので、トータルでは資産は増えていくのです。

　また、勝率を意識すると負けられなくなるので、1回ごとのプレッシャーがとても大きくなります。仮に2連敗したらどうでしょうか？次のトレードは負けられないですよね。3連敗や4連敗して取り返すには、そのあと5連勝や6連勝しなければなりません。連勝は意識してできることではありません。負けられないトレードだと、必然的に損を確定させることができなくなります。そうすると含み損を抱えることになり、無計画なナンピンをするなど、トレードルールどころではなくなります。そのポジションが勝ちトレードに戻るのを待つしかなくなる思考が、こういう行動を起こしてしまうのです。いつもこんなトレードを

やっていると、精神的につらいですよね。勝率を意識すると、メンタルに多大な影響があり、結局資金もメンタルも崩壊して退場という、最悪の事態になりかねません。ですから、勝率はあまり上げようとしないことをおすすめします。

　勝率を上げることよりも、「損小利大のトレード」を追求するほうがいいでしょう。損小利大は、**損切りを早く行ない、想定していた損切り幅よりも利幅を伸ばすことです。**FXでは、勝率を上げることは難しいのですが、損小利大にすることは、いくらでも可能です。コツをつかめば、利幅を伸ばすトレードができるようになります。難しいことより、簡単なほうを選ぶという考え方をしてください。

　なぜ損小利大にするのが簡単かというと、値動きには仕組みがあるからです。その仕組みを知ることで、「どこから値が動くのか」「どこで値が止まるのか」を予測できるようになります。それは、「こういうときにトレンドが発生しやすい」「ここで反転しやすい」などの確率的な考えに基づいたものです。その確率も、勝率と同じように数値を上げるには限界がありますが、ひとつだけいえることがあります。それは、「仕組み通りの値動きになったら、しばらくそれが続く」ということです。値が動き出すポイントで実際にそうなったときに、たとえば上昇トレンドが発生すれば、しばらく続きます。そこで、買いポジションを持っていれば利幅が取れます。もしイメージと異なれば、損切りをすればいいのです。

　つまり、**値動きの仕組みを知り、それが機能する場面でトレードすることで、損小利大のトレードができるようになります。**デイトレードでは、ポジションの保有は数時間です。その間（イメージ通りに進んでいるとき）だけ保有していれば、利益がどんどん伸びていきます。

　この、「利益が伸びていく時間」がとても重要です。スキャルピングのような数秒から数分では、あまり利益は伸びません。逆に、数日も保有するスイングトレードだと、結果的に思った方向へ進むとしても、ポジションを持ち越す必要があり、相場の急変に巻き込まれたり、含み益

が減ったりするなどのプレッシャーにさらされます。数百pipsの利幅が取れるかもしれませんが、利益確定するまでは「いばらの道」なのです。

デイトレードは、その中間です。**相場は、短期トレンドが発生すると数時間は継続するので、最低限の保有時間で、最大限に利益を伸ばすことが可能なのです。**短すぎず、長すぎないポジションの保有時間といえます。利益を積み重ねるには、小さな利益をたくさん取るか（スキャルピング）、1回のトレードで大きな利幅を取るか（スイングトレード）だけではありません。デイトレードは、ポジションの保有時間と、利幅のバランスがとてもいいということです。勝率を意識しないトレードをやるなら、損小利大にしなければなりません。勝率も悪い、損小利大もできないとなると、トレードでは勝てません。どちらかをよくしなければなりませんが、デイトレードなら損小利大にするのが最も楽で、効率がいいのです。もちろん、人により気楽に感じる保有時間と利幅のバランスは異なりますが、短すぎず長すぎないデイトレードでの勝ち方を覚えることは、トレードのスキルアップにつながります。

具体的な勝ちトレードの例

実際のデイトレードをイメージしてみましょう。満足のいくトレードをすることは大切ですが、トレードルールが出来上がっていない状態では、「毎日いいトレードをしよう」と考えなくていいです。トレードを改善していくなかで、1週間に数回ほど自分のルール通りのトレードができれば、それだけで利益は残ります。

ルールが利益に貢献するのは、週1回から3回程度になるでしょう。前述の通り、デイトレードは損小利大にしやすいので、取れるときに利益をしっかり伸ばせば可能です。1回のトレードで、20pipsから100pipsを稼ぐイメージです。毎日勝つ必要はないので、気楽にやっていきましょう。図1-01を見てください。米ドル／円の15分足です。

図1-01 米ドル／円の15分足で数十pipsの利幅を数時間で狙う

18〜25時
50pipsの下落

A

B 急騰

　Aの部分は、日本時間18時から25時です（以後、時刻はすべて日本時間とします）。チャートの左から下降トレンドが発生していて、トレンドフォローのつもりで、Aでショートポジションを持てば数十pipsは取れる場面です。7時間で50pips下げたので、たとえば5時間で30pipsの利幅を取るなどのトレードが想定できます。

　また、ポジションを翌日に持ち越さないようにすれば、Bのような突発的な値動きにも巻き込まれずにすみます。仮にホールド中に急騰や急落があれば、ポジションを閉じればいいわけです。為替市場は、短期トレンドが発生すると数時間は続きます。1時間以内に終わることもありますが、数時間続くほうが多いです。数時間経過すると、市場がバトンタッチされて参加者が変わるので、また違った値動きになります。

　為替市場では、取引量および取引額の大きな市場が3つあります。「アジア」「ロンドン」「ニューヨーク」の3つで、「3大マーケット」といわれます。それぞれの市場が午前中のとき、取引が活発になりトレンドが発生しやすいです（Chapter 5で詳しく解説します）。

　図1-01の18時はロンドン市場の午前です。ここからトレンドが発生し、ニューヨークの午前まで継続しました。ここでは、ロンドンとニューヨークが下降トレンドなので、次のアジアタイムはトレンドが継続するかどうか、チェックするといいでしょう。

　同じ下降トレンドを次の市場へバトンタッチし続けることはなく、Bのように、参加者が変わったときに流れが変わることのほうが多くあります。ですから、**次の市場へバトンタッチする前に、数時間でイグジットして確実に利益を確定するのがデイトレードの考え方です。**ただし、数時間で絶対にイグジットすると決めてしまうと、トレードの幅が狭くなり、一定以上の利幅が取れなくなります。イメージ通りに相場が進んでいる間は、トレンドが否定されるまで数日間ホールドするなど、臨機応変に対応しましょう。

　基本は数時間のホールドで、もっとホールドすることで利幅が取れそうなときは、翌日まで持ち越すイメージがいいでしょう。図1-02は豪ドル／円の1時間足です。

図1-02　トレンド発生時に利幅を取るイメージができる

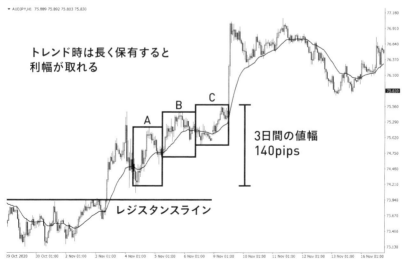

トレンド時は長く保有すると
利幅が取れる

3日間の値幅
140pips

レジスタンスライン

A、B、Cの四角は、それぞれ1日分を囲っており、合計で3日間あります。3日で140pips上昇していますが、ポイントは一方向で上げたのではなく、上げ下げを繰り返した結果として上昇していることです。3日間ホールドした場合、含み益が減る場面が出てきますね。そのとき、一時的に下落するのが想定内であれば、そのあと上昇するイメージがあるはずなので、問題ありません。

　たとえ一時的に下落しても、3日間ホールドすれば最大限の利幅が取れます。3日間ずっと上げ続けることは珍しいので、「高値を更新して押し目をつける」という流れを理解していれば、AからBにポジションを持ち越すときも安心して持ち越すことができます。これがスイングトレードです。

　一方、翌日に持ち越さずに、A、B、Cそれぞれでトレードを完結させるデイトレードは、途中で含み損になるほど下落する想定をしていないので、高値を更新したらイグジットし、ノーポジションのままその日のトレードを終えて眠りにつくことができます。ポジションは翌日に持ち越さず、1日で完結させるのです。次の日は、引き続き目線は「買い」なので、タイミングを測って買いポジションを持てばいいわけです。Cも同様に、トレードをはじめたときはノーポジションですが、どこかで買いを入れます。ただ、エントリーする時間帯によっては、持ち越しせざるをえません。ニューヨーク時間にエントリーし、イメージ通りに進んでいる最中なら、そのまま持ち越したほうがいい場合もあります。自分が寝る時間だからといってイグジットするのでは、せっかくのチャンスをみすみす逃すことになります。もちろん睡眠は大事ですが、相場は関係なく進みます。そのときは、指値や逆指値を入れてポジションをホールドしたほうがいいでしょう。ですから、持ち越すかどうか、デイトレードかスイングトレードかは深く考えずに、1回のトレードで利幅を稼ぐトレードをイメージしてください。基本はその日のうちに完結させ、より利幅を取る場合は持ち越します。なお、イグジット方法については後述します。

損益率を改善できるから利益が安定する

FXでは、勝率を上げるには限界があり、その代わりに損切りを早くして利幅を伸ばす必要があります。そしてデイトレードでは、それが可能なことは前述の通りです。

では、勝率に限界があるといっても、実際どれくらいの勝率を目指せばいいのでしょうか？　また、利幅を伸ばすといっても、どれくらいが目安になるのでしょうか？　数字の基準がないとまったくわからないかと思いますが、トレードの世界では、勝率と損益率をもとに、勝つ確率を計算することができます。逆にいうと、負ける確率（破産確率）をはじき出すことができます。これを「バルサラの破産確率」といい、デイトレードのルールを作るうえでとても役立ちます。図1-03がバルサラの破産確率表です。

図1-03 デイトレードで重要な「バルサラの破産確率表」

		勝率（%）								
		10	20	30	40	50	60	70	80	90	100
ペイオフレシオ（損益率）	0.2	100	100	100	100	100	100	98	72.2	5.8	0
	0.4	100	100	100	100	99.9	95	58.7	6.5	0	0
	0.6	100	100	100	99.9	96.1	64.1	12.4	0.1	0	0
	0.8	100	100	100	98.8	78.4	26.1	1.3	0	0	0
	1	100	100	99.9	92.6	50	7.4	0	0	0	0
	1.2	100	100	99.1	78.4	26	1.8	0	0	0	0
	1.4	100	100	96.4	59.5	11.9	0.4	0	0	0	0
	1.6	100	99.9	90.4	41.2	5.1	0.1	0	0	0	0
	1.8	100	99.7	81.1	26.8	2.2	0	0	0	0	0
	2	100	99.1	69.6	16.8	0.9	0	0	0	0	0
	2.2	100	97.7	57.6	10.3	0.4	0	0	0	0	0
	2.4	100	95.2	46.4	6.3	0.2	0	0	0	0	0
	2.6	100	91.5	36.6	3.9	0.1	0	0	0	0	0
	2.8	100	96.8	28.5	2.4	0	0	0	0	0	0
	3	100	87.2	22	1.5	0	0	0	0	0	0

A

B ── 勝率50%、損益率2 → 破産確率0.9%

表の左側が損益率で、上側が勝率です。損益率とは、利幅（＋○○pips）を損切り幅（－○○pips）で割った数字です。損益率は英語で

「ペイオフレシオ」といいます。

　たとえば、これからエントリーするとき、想定利幅を＋100pips、想定損切り幅を－50pipsとします。この場合、「100÷50」で、「損益率は2」になります。利幅＋50pips、損切り幅－50pipsだと、「50÷50で損益率1」となります。このように、損益率を数字で算出していきます。なお、1回のトレードで判断するのではなく、あくまでも総トレードで計算することが大事です。いつも利幅と損切り幅が同じになることはありませんよね。エントリーする場面により、損益率が2になることもあれば、1.5がよさそうなこともあるでしょう。週に数回は、得意なパターンが出現して損益率が3や4になることもあります。ですから、いつも同じ数字で考えるのではなく、平均して計算するようにします。例えば、1週間で20回のトレードをしたとき、総トレードのうち、勝ちトレードの平均利幅（平均利益確定pips）および平均損切り幅（平均損切りpips）を計算します。

$$損益率 ＝ 平均利益（pips）÷ 平均損失（pips）$$

　このようにすれば、検証するときに自分がどんなトレードをやっていたのか、客観的に分析することができます。注意点は、**エントリーする前に考えていた損益率と、実際にトレードした結果の損益率は異なる点です。**すべてのトレードが、ルール通りに執行できるとは限りません。エントリー前は、「利幅40pips、損切り幅20pips」で考えていたものが、実際にエントリーしてみると、＋40pipsに到達する前に＋30pipsなどで利益確定してしまうこともあるでしょう。そうすると、ルールと結果では損益率が違ってくるのです。想定していた損益率と、実際にトレードした結果の損益率に差がなければ、ルールを執行できている証拠です。しかし、エントリー前は損益率2で考えていても、実際にトレードするといつも0.5になってしまうなら、損益率の差が開きすぎということです。これは、ルールを執行できていない証拠なので、検証ができません。まずはルールを守るようにしなければなりません。トレード

ルールを作るときは、エントリー前の段階で、どれくらいの損益率を想定したのか、そして、実際トレードしてみて損益率はどうなったのかまで考えていきましょう。

次に、勝率についてです。勝率は次のように算出します。

勝率 ＝ 勝ちトレード数 ÷ 総トレード数 × 100

たとえば、20回トレードしたうち、勝ちが12回、負けが8回なら、「12÷20×100」で勝率は60％になります。損益率は、エントリーする前に算出することができますが、勝率はエントリー前に計算することができません。エントリーする前は、必ず勝つ想定で入りますよね。ですから、100％の想定です。勝率100％のつもりでエントリーし、結果として40％や60％になります。「勝率は50％前後になりやすいから、50％を想定してトレードする」というのも変ですよね。2回に1回は負けるつもりでトレードすることになります。今から行なうトレードは100％勝つつもりでエントリーしないとダメでしょう。最初から50％を想定していると、それよりも悪くなるのがオチだからです。ですから、エントリーする前は、勝率ではなく、事前に計算が可能な損益率にこだわるようにするのです。

図1-03のAの部分を見てください。ここは、勝率50％で損益率1のトレードをした場合の破産確率を表しています。50％の確率で破産する、ということです。勝率も半分、利幅と損切り幅も同じなので、このようなトレードを続けていると、「勝つかもしれないし、負けるかもしれない」という、すべてが半々の状態です。

では、Bの部分を見てください。勝率は50％のままですが、損益率が2です。破産確率は0.9％と、損益率が1のときよりも格段にいい数字です。**損益率を1から2にするだけで、ここまで改善するのです。** このようなトレードを続けている限り、トータルではほぼ勝てるというこ

とです。前述しましたが、デイトレードでは損益率を簡単によくすることができるので、現実的な数字だと考えてください。

　では、Ａの部分を再び見てください。損益率を１のままで、勝率を上げるとどうでしょうか？　勝率を60％にすれば、破産確率はたったの7.4％です。勝率70％なら、なんと０％ですね。「利幅と損切り幅をいつも１になるようにして、勝率を少し上げるだけでいいじゃないか」と考えるかもしれません。しかし、前述したように勝率は計算できないのがFXの世界です。100％勝てると思っても負けるのです。仮に４連敗したらどうしますか？　そのあとは絶対に６連勝しなければなりません。６連勝しなければならない条件でトレードするのは、プレッシャー以外の何物でもなく、まともなトレードができるとは思えません。ですから、勝率を想定するのは現実的ではないのです。

　Ｂを再び見てみましょう。損益率はエントリーする前に想定できるので、１や２になる場面でトレードすればいいだけです。また、テクニカル的に期待値が高そうなポイントでエントリーするため、上がるか下がるかの予測は格段に上がります。ですから、エントリーする時点だと、勝率100％のつもりで損益率２のトレードを今から行なう、という状況です。勝率は読めませんが、損益率はそのルールを守っていれば２になるので、損益率を改善していくのがいいのです。

　ちなみに、「過去の統計から勝率○○％になる」という分析はあてになりません。為替市場では、過去の統計は未来の確率にはならないのです。理由は、価格の変動要因が過去と現在では違うことや、統計をはじき出した相場の条件が現在と同じになることがないからです。一定のパターンが発生したときに、上がりやすいとか下がりやすいという場面はあります。しかし、それでも確率的に何パーセントは上がるなど、数字で決めつけることはできません。確率が出せない以上、勝率も算出できないのです。**こうなりやすいという場面で、実際にイメージ通りになったときに利幅をしっかり取ることが、デイトレードで勝ち続けるために必要な考え方です。**

この破産確率は、これからトレードルールを作るうえで、絶対に必要です。ことあるごとに、勝率と損益率の関係を思い出してください。特に、デイトレードは損益率が極めて重要です。損益率を無視したデイトレードでは、勝てないと考えてください。そもそも損益率が悪いルールでは勝てなくて当然なので、次のChapterから説明するテクニカル分析を学ぶうえで、損益率は常に意識してください。

　損益率が2で勝率50％なら、ほぼ破産しません。つまり、FXで勝ち続けることが可能です。そう考えると、気楽になりませんか？　さらにルールを改善していけば、どんどん上達していくことができます。**「最初に損益率2以上のトレードルールを作る」**という姿勢を今から持ってください。あとは、テクニカル分析を覚えて、エントリータイミングを測るだけです。

　これでトレードルールの大きな目安ができました。これだけでも、トレードルールの概要が確立しましたので、大きな進歩です。

02

短期間で上達するための秘訣

何をすれば勝てるのか……全体像を知ること

　ビギナーがつまずく最初の段階として、FXでは何をすれば勝てるのか、その全体像がわからない点が挙げられます。私がFXをはじめたころも、次のような悩みがありました。

FX 初心者が抱える悩み
・何を勉強したらいいのか
・どうすれば自分は学べるのか
・相場はなぜ動くのか
・どうトレードしたらいいのか
・勝つためには何をしたらいいのか

　とにかく、何もかもが漠然としていて、何からスタートしていいかわかりませんでした。本書ですすめるような、まずはトレードルールを自分で構築するなど、考えもしませんでした。しかし、トレード経験を重ねた現在では断言できます。**ルールを作ることが、勝つための最短ルートなのです。**そのために、**必要な知識をインプットしていきましょう。**

　トレードルールを作るための分析方法は、2種類あります。ファンダ

メンタル分析とテクニカル分析です。トレードで勝つためには、テクニカル分析が絶対に必要です。また、テクニカル分析をしっかりマスターすれば、勝つことができます。次のChapterからルール化するために必要なテクニカル分析方法を紹介するので、最後まで読み終えると確実にルール作りの基礎知識を習得することができます。

テクニカル分析の勉強の仕方は、「ローソク足→ラインの引き方→インジケーター」の順番で覚えるのがおすすめです。**まずはローソク足の仕組みを覚え、それからラインの引き方を知り、最後にインジケーターを使いこなせるようするといいでしょう。**本書の構成は、この順番になっています。

初心者の頃の私は順番が逆でした。ローソク足の仕組みも知らないまま、最初にインジケーターを使いこなそうとしてしまいました。ローソク足の仕組みは、テクニカル分析の基本です。基本を知らずしてインジケーターを使いこなすことはできません。今だからわかることですが、学ぶ順番を間違えたという痛恨のミスです。そのため、FXで勝てるまでに5年の歳月がかかってしまったのです。ただ、勝てるようになってからは、10年以上安定した利益を出せています。今では過去の経験を生かし、ビギナーが何をすれば最短で勝てるようになるのか、よくわかります。本書は、その手順を書いていきます。

トレードポイントを2か所に絞るとルールが作りやすい

重要なことは、トレードする時間にかかわらず、期待値の高いポイントでトレードすることです。みなさんは、トレードルールをこれから作る必要があります。そこで、ルールを作るうえで、次の2つが把握できていると、ルール作りがとても簡単にできます。

ルール作りをアシストする2つのポイント
・値が走り出すポイント
・値が止まるポイント

「値が走り出すポイント」とは、ブレイクするなどのトレンドが発生する箇所です。いわば、ネックとなっている壁を突破するポイントと考えてください。それまで壁に抑えられて力を放出できずにいた買い（もしくは売り）勢力が、いよいよ壁を突破し、勢いを増して進みはじめるポイントです。

逆に、「値が止まるポイント」は、相場の壁になる箇所です。上昇トレンドがこの壁に当たって止まり、反落するような場面です。トレンドが止まる価格帯といえます。

この2つのポイントは、買いと売りのバランスが崩れる場面です。こうした場面で一定のチャートパターンや法則を見つけることができ、それに基づいてトレードするのがトレードルールになります。もちろん、この2つ以外にもトレードポイントは随所にあります。しかし、値動きのすべてからチャンスを見つけようとしても、ビギナーには難しいでしょう。それよりも、まずは2つのわかりやすいポイントでルールを作ることがおすすめです。

逆に、トレードで勝つにはこの2つを見つけるだけで可能です。**難しいことをしようとせず、ルール化しやすい「値が走り出す」「値が止まる」ポイントさえ見つければ、FXで成功できるのです。**本書を読み切るまで、この2つをとにかく意識してください。そうすれば、ルールが作れるようになります。図1-04は、米ドル／円の5分足です。

図1-04 値が止まるポイントと値が走り出すポイントを見つける

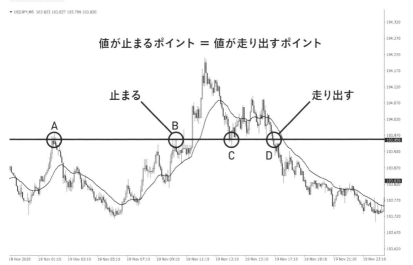

チャートの真んなかに水平ラインがあります。このラインが、「値が走る」「値が止まる」ポイントです。

A、Bでは、ラインがレジスタンスになって値が止まっています。Bのあと上にブレイクし、Cではサポートラインとして値が止まっています。一方、Dでは下にブレイクし、「値が走り出すポイント」であることがわかります。このように、値が止まるポイントは、サポートやレジスタンスになるので、いずれブレイクします。ブレイクすると値が走り出すので、「値が止まるポイント＝値が走り出すポイント」と考えていいでしょう。

ちなみに、このようなレジスタンスとサポートのどちらにも機能するラインを「ネックライン」といい、とても重要なので、詳しくは後述します。ネックラインこそ2つのポイント（値が止まる／走り出す）なので、ネックラインを見つけることができれば、デイトレードでは勝てるようになります。

なぜネックラインを見つけるだけで勝てるかというと、**ネックライン**

では、**止まるかブレイクするかはっきりするポイントなので、損益率が高いトレードをすることができるからです。**前述の通り、デイトレードでは勝率よりも損益率のいいトレードが必須です。ネックラインは相場の節目なので、止まるなら止まる、トレンドが出るなら出るで、値幅が出ます。ポジションを切るかホールドするのか、とても決めやすいのです。判断しやすいので、損切りは早く、利益が乗ったポジションは利益が伸ばしやすくなります。

　上がるか下がるかわからないところだと、ポジションを切るかホールドすべきなのか迷ってしまいます。しかし、ネックラインがあると、視覚的に判断しやすいのです。ここを抜けたら損切りする、ここからトレンドが発生したのでイメージ通りだからホールドを続けるなど、簡単に判断できます。このような相場の仕組みを知っているのと、知らないのでは、大きな差が出ます。次のChapterから説明するテクニカル分析を組み合わせ、ルールを作っていきます。

トレードルールは自分で作ることが大切

トレードルールを具体的に考えてみよう

　FXで勝つには、何よりも期待値の高いトレードルールが必要です。これさえあれば、この先FXで驚くほどの大金を得ることができるようになるでしょう。しかも、何十年という長期間ではなく、コツをつかめば数年という短いスパンにおいて達成することが可能です。勝てる手法を安易に探し求めるビギナーがいるのも、納得できます。しかし投資の世界では、誰もが勝てる手法が存在するはずがありません。それでは、ゼロサムゲームであるマーケットが成り立たないからです。

　トレードルールは、自分で構築する必要があります。自分で作り上げたルールだからこそ、信頼して使うことができるのです。他人の手法だと、負けが込んだときに、勝てない要因を手法のせいにしてしまい、いつまで経っても自分のトレードが上達することはありません。「この手法は勝てないじゃないか！」と自分のことは棚に上げてルールのせいにするのがオチです。トレードルールを自分で作り、それに則ったトレードをするからこそ、負けても謙虚に受け止め、次はどうすれば勝てるのか検証する気持ちになるのです。

　では、トレードルールとはどのようなものでしょうか？　具体的に考

えてみましょう。

トレードルールとして決めておくことの例
・どのチャートを使うか
・使うインジケーターは？
・自分に合う通貨ペアは？
・どの時間帯でトレードするのか？
・エントリーのルール
・利益確定と損切りのルール
・値動きのイメージはできているか
・損益率はどれくらいを想定しているか
・取引枚数の根拠は？
・このトレードでリスクはどれくらいか？
・何連敗まで想定しているのか
・ポジションホールド中の行動は？
・トレード後の検証方法は何か？
・他人に説明できるトレードか

　思っているより多いのではないでしょうか？　エントリーとイグジットのルールさえあれば、勝てると考えるかもしれません。しかし、それだけでは足りません。遊びでトレードするならここまで決めなくていいのでしょうが、これからFXで大きく稼ぎたいのであれば、真剣に考えなければなりません。専業トレーダーを目指し、何億も稼ぎたいのであれば、最低限これくらいはルール化しておきましょう。
　トレードルールの決めごとは、多ければ多いほどいいでしょう。なぜなら、**ルールを考えるプロセスで、トレードというものを深く考えるからです。しかも、ひとつの視点ではなく、多角的に考えるようになります**。経験を積まないと決められないこともありますが、少しずつ決めていきましょう。

「トレードは感覚的な部分があり、センスや素質がなければ勝てない」と言う人もいます。「トレードには向き不向きがあり、向いていない人は何をやっても勝てない」と言い張る人もいます。しかし、私はそうは思いません。ビギナーのときに、しっかりと自分で考え、自分でルールを作る努力を本気ですることで、誰でもある程度は勝てるようなると思っています。なぜなら、私がそうだからです。自分にセンスがあるとも思えませんし、相場観といった感覚でトレードすると今でもすぐに負けます。メンタルは崩しやすく、少し負けが込むと投げやりになります。プラス思考よりも格段にマイナス思考で、冷静さを失うことはしばしばあります。しかし、**それでも専業トレーダーとして10年以上うまくいっているのは、トレードというものをいろいろな視点から分析し、考える努力をしているからです。**そして、考えたことをトレードノートに書き、言語化しています。

トレードルールとして決めておくことの例の最後に、「他人に説明できるトレードか」という項目があります。実はこれがとても大事で、エントリーからイグジットまでの一連の流れを、言語化して他人に説明できなければなりません。「なぜそこでトレードするのか？」、この疑問をいつも持ち、説明できるようになりましょう。

言語化できないということは、適当にトレードしているといわざるをえません。そもそも、説明がつかないトレードをやっていると、検証ができませんよね。どうすれば負けなかったのか、タイミングが間違っていたのかなど、感覚でトレードしていると改善できません。しっかりと言語化することで、検証ができるようになります。前著『最強のFX 15分足デイトレード』では、デイトレードのトレードルールを紹介しましたが、これは私のルールを言語化したものです。感覚ではなく、なぜここだと期待値が高いのか、エントリーするとなぜ勝てるのかなど、すべて説明できるレベルに仕上がっています。本気でルールを作ろうとすると、本のように何百ページにも及びます。いきなり作るのではなく、1ページずつ、ゆっくり作っていきましょう。「そのうちに作ろう」ではなく、「今すぐに作りはじめること」が何よりも大事です。

最初は勝てるルールでなくてもいい

　トレードルールを作るとき、いきなり勝てるものを作るのは不可能です。最初は勝敗にこだわらず、トレードするときの決めごとみたいなものを考えるイメージでかまいません。決めごとがないと、感情のおもむくままトレードしてしまいます。まぐれは長続きしません。まずは決めごとをして、検証できるようにします。

　ルールを決めて紙に書いておけば、いつでも検証することができます。ですから、勝敗はこだわらず、とにかくルール化します。決めごとすら難しいと感じるかもしれませんが、ルール化するにあたり、次のChapterから説明するテクニカル分析を参考に決めていきましょう。

自分だけのトレードノートを作ること

　では、ルールを作るために、何をすればいいでしょうか？　答えは「トレードノートを作る」ことです。勝てなくてもいいルールであることは、前述しました。しかし、勝てなくていいとはいえ、ルールを作るには順序があります。それを頭のなかで整理し、記憶しておくのは難しいでしょう。そこで、**トレードノートに、思いついたことを書きとめておくのです。**

　ルールを作るために書きとめるのですが、あくまでもルール作りは最終目的です。日々FXに取り組むなかで、アイデアや思いついたことを、何でも書きとめるようにしてください。そうすれば、そのうちのいくつかがルールになっていきます。これから勉強をはじめていくと、覚えておきたい事項などが出てくるはずです。本を読んだら、新たな発見もたくさんあるはずです。そのたびにきちんと書きとめておくと、それがあとになって役立つようになります。

　また、ポジションの保有時間が長いデイトレードでは、エントリーした理由、イグジットした理由を詳細に記録しやすく、そうした記録があると、復習と検証もしやすくなります。どのようなトレードをして、

勝ったのか負けたのか、そして、何がよくて何が悪かったのかを書いておくと、それが経験値になります。なお、書きとめる内容は何でもOKです。他人に見せるものではないので、恥ずかしがらずに何でも書きましょう。夢や目標、今日感じたことでも構いません。また、自分の性格や哲学的なことでも、何でもいいのです。

　FXをやっていると、さまざまな思いが出てきます。意味がないと思われることも、書きとめるといいでしょう。**アイデアをどんどん書きとめ、自分だけのノートを作りましょう。**

実際のトレードノートを見てみよう

　トレードノートには、自分でメモをする手書きがおすすめです。しかし、FXはチャートが大事です。チャートにメモをするとき、わざわざノートにローソク足を書くわけにもいきません。また、チャートをプリントアウトして書き込むのは、時間と労力のムダです。そこで、**スクリーンショット**などでデジタルのチャート画像を残し、そこにメモを残すといいでしょう。

　私は、チャートを残すときはスクリーンショットで撮り、ペイントソフトで編集しています。つまり、トレードノートは、次の2種類になります。

トレードノートの種類
・**手書きのトレードノート**
・**デジタルのチャート画像**

　手書きのトレードノートは、前述のようにアイデアなど思いついたことを何でも書きとめます。実際に私のトレードノートを見てみましょう。図1-05は、デイトレードのルールを作り上げているとき、トレードノートに書き込んだものです。

図1-05 思いついたことをトレードノートにメモする

　なぐり書きなので誤字があることや、きれいではない字であることはご容赦ください。このような思いつきをノートに書きとめていると、何冊にもなります。読み返すと、それがトレードルールに使えるのです。書きとめたときは単なるメモでも、それが重要なことだとあとで気づくこともあります。

　図1-06は、週末のチャート分析です。これは、トレードルールを作る段階で、日々の戦略を練るときに書いていたメモです。ルールを執行するためのチャート分析で、これをもとにルール通りにトレードしてどう機能するのかチェックしています。

　通貨ペアごとに、5分足から日足までの相場の流れを書いています。上昇トレンド・下降トレンド・レンジのうち、どの局面にあるのかを把握するために、手書きで書いていました。トレードをするとき、チャートよりもこのページを見るだけで思い出せます。ここまで書こうとすると、1時間はかかります。どうすれば効率よくトレードできるか、手探

りのころだったので、時間は惜しみなく使っていました。チャートを見るだけでなく、自分で書くことで記憶に定着させることができます。現在はチャート分析の質が上がったのでここまで書くことはしませんが、同じようなことは毎日やっています。

　このように、トレードルール作りでは量をこなすのも大事です。ムダになるかもしれませんが、量をこなすことが、質の高いチャート分析につながります。結果、期待値の高いトレードルールに仕上がっていくのです。

図1-06　時間軸ごとのチャート分析をノートに書きとめる

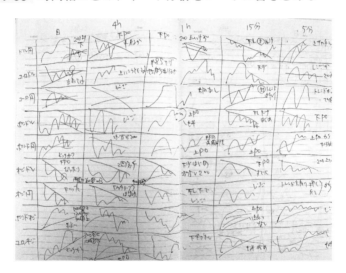

デジタルのチャート画像を残すこと

　次に、デジタルのチャート画像を見てみましょう。トレードしていると、今、目の前で起こっている相場を記録に残したいときが多々出てきます。そのとき、スクリーンショットを撮って、ペイントソフトなどでチャートに直接書き込んでメモをしておくと、とても便利です。

　私がFXをはじめたころは、デジタルで残すという考えがなかったの

で、トレードノートはすべて手書きでした。しかし、覚えておきたい場面があったとしても、どんな相場だったのかを毎日記憶していくのは不可能で、結局忘れてしまいます。現在は、昔よりもチャートの使い勝手がよくなり、パソコンの性能も格段に上がりました。また、手書きだった手帳やスケジュールがデジタルに移行するなど、パソコンやスマホ中心の生活に慣れてきました。そこで、チャートもデジタルで残したほうがいいと考えるようになったのです。

　最初はペイントソフトで書き込むのは面倒でしたが、一度やってみると、効率のよさに驚きました。何よりも、ノートを作成した当時の記憶を呼び起こすのに、ワンクリックでできます。**この相場は何が重要で、こうすれば勝てていたなど、サクッとスクリーンショットで残し、ペイントソフトでメモしておく。**これを毎日やっていくと、自分だけのチャート画像集が出来上がります。それを見返すだけで、自分のクセや相場の見方などがはっきりわかるようになります。どんな場面でトレードしがちなのか、ローソク足のどこを見落としているのかなど、振り返ることができます。

　私はこれまでに数千枚の画像を蓄積しており、そこにFXで覚えてきたことのすべてが凝縮されています。ブログを書いたり、寄稿や本書のように出版もしたりしていますが、すべて文章です。トレードノートも文章なので、私のトレードの思考はかなり言語化されてきました。しかし、文字化できないのが、リアルタイムのチャート画像です。トレードするとき、文字ではなくチャートを見ながら考えますよね。トレードは、形として認識するものです。ですから、文字とチャート画像の両方を残すことで、ムダなく最大限の経験値をつむことができるのです。

　私がスクリーンショットに残そうと思ったときのメモは図1-07です。

図1-07 検証を忘れないようにするためにメモを残す

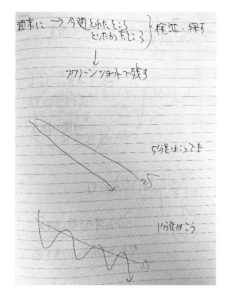

　このときは、メモにあるように5分足と1分足の違いを残そうとしました。5分足は一方向へ下落しているように見えても、1分足では上げ下げを繰り返しながら下落していくことをです。チャートは時間軸により見え方が変わります。ひとつの時間軸だけを分析するのではなく、常に全体を見ることが重要です。今見ている時間軸は、全体のなかの一部だととらえるようにします。

　たったこれだけのメモですが、何年も前のメモにより、木を見て森を見ず、という状態にならないように気をつけることができます。また、このときに、「週末に分析することの大切さを認識した」と記録しておくことができます。検証は、平日ではなく土日に行なっていました。今でも週末になると、その週の相場を振り返るようにしています。平日だと相場が動いており、価格が変動していると気が張り詰めるため、検証に集中できません。しかし、相場が止まっている土日だと、緊張感なくゆっくり考えながら行なえます。土日にまとまった時間を取り、1週間分の復習をし、翌週の戦略を考えるのが今のルーティンです。**このとき**

振り返りの大切さをノートに書きとめたからこそ、継続して週末の分析をやろうと思えるのです。図1-08は、実際のデジタル画像です。スクリーンショットで撮っています。

図1-08 スクリーンショットでチャートにメモを書きとめる

トレードしていて、ネックラインがあることは事前に認識していました（ネックラインについては後述します）。実際にAで反発していますね。そのあとBでも反発しています。Bのポイントでロングするか迷った末、エントリーせずに様子見としました。このとき、「ちゃんとエントリーしておけばよかった」と強く思った場面です。そこで、この気持ちを忘れないために、スクリーンショットを撮って文章を書き込みました。

トレードしていると、「こうしておけばよかった」と後悔する場面は、たくさんあります。そのつど覚えておくことは不可能ですが、印象的な場面をスクリーンショットで残しておけば、後日見返したときに思い出せます。**「こうしておけばよかった」という場面は、言い換えると「こういうときにエントリーすれば勝てる」**ことになります。つまり、

どのようなポイントでトレードすればいいのか、浮き彫りになってきます。これを毎日行ない、たとえば週末にすべて見返すと、しっかり思い出せるようになります。「ここでエントリーすれば勝てる」というチャートがたまっていくと、どのようなときにエントリーすれば勝ちトレードになるのか、自ずとわかってくるようになります。

　なお、スクリーンショットへの書き込みは、図1-08のように一言にするのがおすすめです。あまり文字が多いと、あとで見返したときに文字を読むのが億劫になります。何十枚、何百枚と見返すとなると、1枚にかける時間は少ないほうがいいはずです。パッと見て、このとき何を考えていたのか認識できるような一言にしておくといいでしょう。1枚をじっくり見るのではなく、パラパラと見返せるようにしましょう。そうすれば復習もしやすいのでおすすめです。

　別のスクリーンショットを見てみましょう。図1-09は、ポンド／ニュージーランドドルの30分足です。

図1-09　勝ちトレードをチャートごとに残す

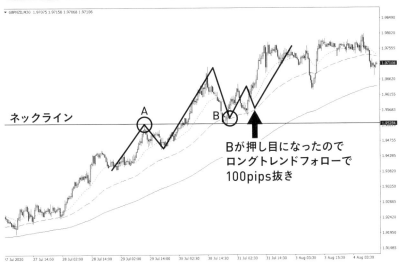

Aで反落したあと、すぐに高値を更新して上昇していきました。Bまで下げたとき、Aの価格帯が直近の高値なので、ネックラインが引けます。もし上昇トレンドが継続するなら、このネックラインがサポート帯になり、押し目買いが入る可能性があります。そこで、Bにぶつかったときにすぐにロングするのではなく、押し目となって上昇しはじめた矢印の箇所でロングをしました。このあと上昇トレンドに回帰し、100pips以上の利益確定ができました。このトレードでよかったことは、押し目を期待してエントリーするのではなく、押し目になったことを確認してからエントリーした点です。

　具体的に説明すると、Bに来たとき、結果的に反発して押し目になりました。しかし、Bで反発せず、ネックラインを下抜けする可能性もあります。そこで、反発を期待してBでエントリーすると、ネックラインを下抜けして損切りする可能性が出てきます。それを避けるため、「反発したという事実確認をしてから」、私はエントリーしました。そうすると、**Bで反発しなかったときの損切りを防ぐことができ、なおかつ、上昇トレンドにも乗れるようになります。**

　Bでエントリーするのではなく、Bで反発することを確認してからエントリーします。Bでエントリーすると、「上がってほしい」と祈ることになるため、冷静でいられなくなります。そうではなく、Bで反発して上がりはじめてからエントリーすると、実際に上がりはじめたのを確認したから祈る必要はないわけです。

　これは、トレンドフォローの勝ちパターンの典型で、スクリーンショットに残しておくことで、「こういうトレードをやればいいのか」と自信につながります。記録に残しておかないと、たった1回の勝ちトレードなどすぐに忘れてしまいます。いいトレードができたら、それも残しておくと、同じような勝ちトレードをまたやろうと思えるものです。

▍記録に残す作業を惜しまない

　実際に私が勝てるようになったのは、スクリーンショットを撮るよう

になってからです。手書きのトレードノートには書きためていました
が、4年から5年くらい、スクリーンショットのチャート記録がなかっ
たのです。何年やってもパッとせず、かといって自分がどのようなト
レードをしてきたのか、記録も残っていませんでした。だから勝てな
かったのかもしれません。

　私はリーマンショックで大損し、FXをやめるかどうか悩みました。
あと一度だけトライして、それでもダメならきれいさっぱりFXから足
を洗うつもりでした。ここから本気になり、ようやくスクリーンショッ
トを撮るようになったのです。結果、どこでトレードすればいいのか考
えるようになり、深いチャート分析をすることができるようになりまし
た。FXをはじめた最初のころからスクリーンショットを残しておけば
よかったと後悔しています。

　そのときはすぐに役立たなくても、思いついたことは必ず経験値と
なってあとで役に立ちます。**5年前の、たった1回のチャートを記録に
残したことで、それがすごいトレードルールにつながり、長きに渡って
利益が得られるかもしれません。**ですから、面倒くさがらずに毎日スク
リーンショットを残しましょう。私もチャートを残しはじめたことで、
今の利益につながったと思っています。当時の相場は、見返せばいつで
も振り返ることができ、昨日のことのように値動きを思い出せる日がた
くさんあります。トレードしてきたことが経験値になっているのでしょ
う。

　**記録に残す作業は、惜しまずに行なってください。将来、そのメモが
必ず利益をもたらしてくれます。**

失敗パターンも記録しておく

　チャート画像は、成功した勝ちトレードだけでなく、負けトレードも
積極的に残していきましょう。勝ちトレード集を見返すとうれしくなり
ますし、自信につながります。しかし、悪いことには目をつぶり、いい
面ばかり見ていると、成長は止まってしまいます。**負けトレードから目**

をそらさず、現実を受け止めて改善する必要があります。攻撃力がいくら上がっても、防御力も上がらなければ結局は強くなりません。攻めと守りの両方をバランスよく強化することで、トータルでスキルアップしていくのです。ですから、失敗したチャートにメモ書きし、画像として残しておきましょう。そうすると、自分が負けるパターンは、だいたい決まっていると認識できるようになります。

　たとえば、私はデイトレードで次の負けパターンが多いです。

私の負けパターン
・ブレイクを期待して早期エントリー → ブレイクせず損切り
・レンジ内でロングとショートの連敗 → 方向性がわかっていない
・高値づかみ → 押し目まで待てない

　このようなパターンが多く、共通している点は、「自信のない場面でムダなポジションを取っている」ということです。何もせずにチャートを見ているだけではトレードになりません。そこで、何かポジションを持ちたくなってしまい、テクニカル的な根拠が少ない場面だとしても、「もしかしたら勝てるかも」という甘い考えでエントリーしてしまいます。すぐ損切りすればいい、という都合のいい考えです。

　トレードチャンスは、いつ到来するかわかりません。しかし、我慢できずにエントリーしてしまうのです。こういうときは、利益確定の目標や損切りポイントがあいまいなことが多く、結果、損益率が悪いトレードをしているのです。これでは勝てません。

　負けパターンの一部を見てみましょう。図1-10は、ポンド／米ドルの15分足です。

図1-10　相場が迷うポイントでトレードすべきでない

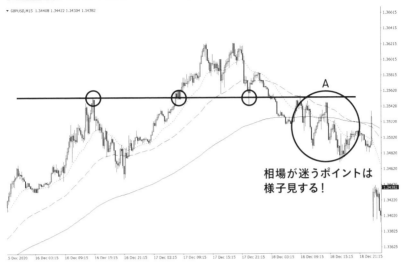

相場が迷うポイントは
様子見する！

　上昇トレンドから、Aのポイントでレンジ相場に移行しました。3本
の移動平均線がありますが、ローソク足と移動平均線が絡み合っている
ポイントは、レンジ相場になります（詳しくは後述します）。ですか
ら、ここは方向性がなく上下動して迷う場面です。狭い値幅で上下する
ため、ポジションは持たずに様子見するのが妥当です。ただ、その日ト
レードをはじめたとき、レンジだからといってトレードせずに様子見す
るのは残念ですよね。せっかくチャートを見ているので、何回かエント
リーしたいかもしれません。しかし、あなたのトレードしたい気持ちと
相場は無関係です。方向性がわからないときに損益率のいいトレードは
できないので、我慢してでもノートレードにすべき場面です。

　実際、軽い気持ちでエントリーして損切りになったとき、その場面を
チャート画像で残しておかないと、また同じようなトレードを行なって
しまうでしょう。そうでないと常に自分で都合よく考えてトレードをし
てしまうことになります。今回は特別で、「普段はこんなトレードはし
ないよ」と自分に言い訳しつつトレードをする、ということを繰り返す

のです。

　同じことを繰り返さないよう、負けパターンとしてしっかり残しましょう。**何度も同じ負け方をしている画像を見ると、さすがに注意するようになります。それが改善につながるのです。**また、エントリーしていれば勝てていた場面、エントリーを見送って正解だった場面など、実際にトレードはしていないチャートもメモに残しましょう。いろいろな状況で何を考えていたのか、そしてその考えは正しかったのか、それとも間違っていたのかを検証し、経験値を積み上げていきましょう。

　このように、手書きのトレードノートとデジタルのチャート画像の両方を残すことが、スキルアップにつながります。それは、トレードルールが構築できることを意味します。

ルール作りへの
取り組み方

トレーダーに必要な3つの引き出し

　デイトレードで利益を上げるには、勝ちパターンをいかに増やすかが
重要です。勝ちパターンは、知識をインプットして実戦でアウトプット
することで増えていきます。万人に通用する勝ちパターンはないので、
自分で構築していく必要があります。

　知識や勝ちパターンを「FXの引き出し」と考えてください。引き出
しが多ければ、相場に応じて引き出しを使い分けることができるので、
利益が安定してきます。米ドル／円で使う引き出し、荒れた相場で使う
ものや、トレンドが発生したときに移動平均線で使う引き出しなど、数
が多いほうが有利になります。

　逆に、引き出しの数が少ないと、特定の相場でしか使うことができな
いので、勝てる時期とそうでないときの差が大きくなり、安定しませ
ん。ある年は300万円勝てたとしても、翌年から相場が変わって引き出
しが使えなくなりさっぱり勝てなくなる、などということになります。
これでは不安ですよね。その引き出しが使える相場がくるまで、じっと
待たなければなりません。しかし、冷静に待つことができるでしょう
か？　おそらく、待てないでしょう。

また、引き出しの数をそろえても、その中身が陳腐だったり、質が低いものだったりすると、トレードで勝つことはできません。では、引き出しの数が多く、中身も満たされていると勝てるでしょうか？　答えは、ノーです。なぜかというと、「引き出しを使いこなすスキル」が必要だからです。いいものがあっても、それを使いこなせなければダメなのです。ですから、どんなに優れたトレード手法があったとしても、100人のトレーダーがその手法でトレードすると100通りの結果が出るわけです。勝つ人、大きく負ける人などが出てくるでしょう。結果が違う要因は、手法ではありません。トレーダーごとに、「手法を使いこなすための引き出しの使い方が違うから」です。まとめると、次の3つになります。

トレーダーに必要な引き出しのポイント

・引き出しの数
・中身の質
・引き出しの使い方

　どれかが優れていれば勝てるものではなく、バランスが大切です。どんなに中身の質がよくても、それを使う場面を知らなければ利益は増えません。実践が足りないということです。

　また、引き出しの数が多くて使い方が上手でも、中身の質が低いと、トレード回数が増えるばかりで手数料負けするなど、じりじりと資産が減っていきます。これは、トレード経験が豊富なトレーダーにありがちです。過去に勝った経験が忘れられず、同じ蜜を吸いたいがために相場にしがみついてしまうのです。しかし、再び飛躍することはなく、ジリ貧になっていくのがオチです。ですから、引き出しの使い方は、知識をインプットして引き出しの数を増やし、実践して中身を入れ替えながら充実させ、覚えていくことが大切です。

　これからトレードルールを作るにあたり、これらの3つを意識してください。また、成績が安定しない場合、どれかが欠けていると考えてみ

ましょう。

実践と検証をするときのコツは「逆算する」こと

　これからトレードルールを決めるとき、勝てるポイントだけを探そうとしても、視野が狭くなり焦る気持ちだけが先行します。チャートを見ていても、価格を目で追っているだけで、何も情報を得ることができないでしょう。勝てるポイントといっても、何をもって勝てるポイントなのか、漠然としているからです。トレンドとレンジのどちらでトレードするのか、前日の値動きはどうだったのか、エントリーはチャートがどうなったときに行なうのか、はたまた経済指標の発表があるときはどうするのかなど、そのときどきのルールを細かく決めていかなければなりません。

　私がそうだったのですが、リアルタイムで動いているチャートを見ていると、チャートの右側ばかり気になり、価格変動に振り回されることになります。仮に3時間チャートを見ていても、値動きを見て適当に数回トレードし、その日が終わってしまいます。結局、何も得ることができない毎日を繰り返し、何年経っても勝てるトレードルールが決められない状態になります。これでは、せっかくFXをやったのに儲からないまま終えることになります。

　なぜこうなるかというと、すぐに勝ちたいという気持ちが強いため、何をするにも上の空で、思考が停止しているからです。焦った状態だと、ルールを作ることはできません。ルールがないと実践も意味がなくなり、検証もしようがありません。いつまで経っても相場観だけでトレードするしかないでしょう。これではダメですね。

　それでは、どうすればいいでしょうか？　まず、勝てるポイントを探そうとするのをやめましょう。もちろん、最終的には、勝てるポイントを見つけてそのパターンがきたらエントリーします。ただ、これはトレードルールの最終的なゴールです。**最初からゴールを目指すのではな**

く、どうすればゴールにたどり着けるのかを考えましょう。そこで、何ごとも逆算して考えてみてください。

　勝てるポイントを探すには、何が必要ですか？　まず、知識が必要ですね。今、どれくらいの知識がありますか？　そもそも、何の知識が必要なのかわかりますか？　こうやって逆算して考えてみるのです。そうすると、やるべきことがわかってきます。それを、トレードノートに書きとめましょう。

　また、損益率がいい場面でトレードすることや、値が止まる／値が走り出すポイントを探すといいことは前述しました。では、損益率がいいトレードを昨日のチャートで探してみるとか、値が止まって反転している価格帯を探してみるとか、検証することができますね。そうすると、なぜ反転したのか疑問に思うはずです。そうすると、上位足をチェックしてみる、時間帯を調べてみる、といったこともできます。

　現実的にエントリーからイグジットが可能な時間帯であれば、さらに踏み込んで分析したくなります。そうすると、取引枚数がどれくらいだといくら儲かり、負けるとどれくらい損するなど、資金管理も決めたいと思うようになります。

　このように、逆算して考えるようにすると、次から次へと疑問がわいてきます。**勝つことはひとまず置いておき、「なぜ？」を作り、自分で解決していくようにしましょう。**

　次のChapterから行なうチャート分析においては、要所要所で問題を出しています。考えるクセをつけ、本書を読み終えたときから、リアルタイムの相場にて自分で行なうようにしてください。それでは、チャート分析の方法に進みましょう。

Chapter

2

強固な土台を作る
チャート分析方法

05

3つのセオリーで 相場の動き方を知る

トレンドこそデイトレードのすべて

　相場の仕組みを知らずして、いきなりトレードルールを作ることはできません。まずは、土台となる値動きの基礎知識をインプットしましょう。

　相場は、24時間ランダムに動いているように見えますが、値動きには習性のようなものがあります。もちろん、すべての値動きを説明することはできませんが、24時間のうち、ある一定の期間だけ規則性が出るなど、よく見かけるパターンがあります。いつ、どこで、どの規則性が出るのか予測することは極めて難しいです。しかし、トレードで利益を出す確率を上げることは可能です。今どんな相場環境なのかを分析し、それを踏まえて、これからどう動きそうかをイメージすることができます。

　値動きは似たようなパターンが多いので、イメージしやすいです。**ある規則性が出はじめたら、それに従って戦略を立て、損益率がよくなるポイントや、値が止まる／走り出すポイントを見つけてトレードします**。また、引き出しを増やし、中身を濃くし、引き出しの使い方を覚えていけば、勝てる確率が間違いなく上がります。ですから、チャートの読み方さえ覚えれば、デイトレードでは勝てるようになります。

相場には、トレンドとレンジの2種類があります。デイトレードで勝つには、何よりもトレンドをいかに把握できるかにかかっています。なぜなら、**値動きの規則性はトレンド相場で明確にあらわれるからです。**

実は、トレンドを把握するのは、そんなに難しいことではありません。たったの2種類なので、少し実践を繰り返せば今がトレンドかレンジなのか、すぐにわかるようになります。そして重要なのは、タイミングよくエントリーできるかどうかです。トレンドだと認識できても、エントリーのタイミングがずれると、利益が出ないどころか、損失になってしまうことがあります。損切りしたあとに思っていた方向へ動き出すと、悔しいですよね。チャート分析と戦略は正しいのに、損益だけはマイナスという結果になります。ですから、デイトレードはタイミングが大事になります。損益率がよくて、値が止まる／走り出すポイントでトレードすれば、利益が出るほうが多くなっていきます。トレンドを認識し、確率が高いポイントが発生するまで待つことができれば、勝てるようになるのです。

一方、レンジ相場は、トレンドを際立たせるための役目であり、デイトレードをやる舞台ではありません。なぜかというと、レンジは規則性が出にくいからです。

規則性がないと、損益率の計算が難しく、テクニカル的にも根拠のある場面を見つけるのが難しいです。もちろんトレードすることは可能ですが、利益を上げやすいトレンド相場というものがあるので、あえてレンジでトレードする必要がないということです。

また、レンジを見つけようとすると、視野が狭くなり、トレンドが出たときに対応できなくなります。レンジは動かない場面です。いつも動かないものを見ていると、突然動き出したときに驚きますよね。逆に、いつも動いているものを中心に見ていれば、どちらにでも対応できます。トレンドがわかれば、レンジにも注意するようになります。問題は、動き出すまで待てるかどうかです。

図2-01を見てください。豪ドル／米ドルの1時間足です。

図2-01 レンジよりもトレンドのほうが値幅は取れる

　Aまではレンジでしたが、ブレイクしてトレンドが発生しました。上げ下げを繰り返し、Bまでの3日間で300pipsの上昇となっています。もし、Aでブレイクしたときに「上昇トレンドが発生したかもしれない」と認識できれば、あとはタイミングを見て買いのエントリーをすればいいわけです。AからBまで上昇したのは、あくまでも結果論です。しかし、「トレンドかもしれない」と気づく感覚を持てることが大切なのです。もしトレンドが発生したのなら、損益率がよくなります。3日で300pips上昇しているので、利益を伸ばすことができますし、トレンドでないことがわかれば損切りを早く行なうことが可能です。レンジだと、どこで反転してどこでブレイクするのか、イメージするのが難しいです。利益を伸ばして損切りを早くするイメージが持てないのは、図のレンジ部分を見ればわかります。値幅が狭いですよね。ですから、デイトレードはトレンドの発生が勝てる土俵になるのです。

　そして、トレンドを認識するためには次の3つのセオリーがあります。

トレンドを認識するための３つのセオリー

・ダウ理論

・グランビルの法則

・エリオット波動

　トレードをすでにやっている人なら、どれも聞いたことがあるのではないでしょうか。昔から存在する有名なテクニカル分析の考え方です。ただし、これらで具体的なエントリーポイントを見つけることはしません。トレンドとレンジを把握すべく、相場の流れをイメージするためのセオリーだと考えてください。このセオリーを把握できれば、「相場とはこのように動くもの」という規則性を認識できるようになります。規則性がわかれば、そのパターンをその日の相場に当てはめるだけなので、極めて大事だということです。具体的に見ていきましょう。

「ダウ理論」で値動きの原理原則をとらえる

　「ダウ理論」とは、19世紀後半にチャールズ・ダウが提唱した、株価の値動きをテクニカルで体系づけた理論です。株式市場の理論ですが、現在の為替マーケットにも通ずる面が多く、FXに置き換えて使うことができます。後述のグランビルの法則およびエリオット波動も含め、かなり昔の理論であるにもかかわらず、現在でも多く語られます。それは、値動きの原理原則をとらえていて、チャート分析の本質を言い当てているからです。

　理論なので、それ自体はトレードルールになりません。しかし、売買をしている人間の心理状態も反映されているため、なるほどと思えることが多いです。今も昔も、マーケットで売買しているのは人間です。投資では人間の欲望があらわになり、欲が価格変動に影響します。それが一定の規則性になるということです。参加者が入れ替わるだけで、人間の欲望はこれからも変わらないでしょう。ですから、３つの理論は昔から変わらずに通用しているのです。

ダウ理論には次の6つの項目があります。相場には、トレンドとレンジがあるのは先述した通りです。ただし、覚えようとすると難しいので、トレンドにフォーカスしていると考えてみてください。デイトレードで重要なのは、②、③、④、⑥です。

ダウ理論の定義

① 価格はすべてを織り込む

② トレンドは3種類ある

③ トレンドは3つの局面がある

④ 価格は複数の指標で確認されるべき

⑤ トレンドは出来高でも確認されるべき

⑥ トレンドは明確な転換シグナルが出るまで継続する

　①は、「ファンダメンタルはすべて織り込みずみであり、値動きはテクニカルで動く」というものです。これは議論が分かれることなので、考えなくていいでしょう。ファンダメンタルで判断する人がいる一方、私のようにテクニカルでトレードするトレーダーもいます。②は、トレンドには「長期」「中期」「短期」の3種類があることです。③は、「トレンドが出はじめる時期」「みんなが追いかける時期」「利益確定する時期」の3つを意味します。④は、「テクニカル的な根拠はひとつではなく、2つ以上で判断すべき」ということです。⑤の出来高は、為替市場では難しいので考えなくていいでしょう。⑥は、「ひとたびトレンドが発生すると、それが否定されるまで続く」ことを意味します。つまり、トレンドが出たら、反転するまで乗り続ければ利益が出るということです。ポジションを持ったとき、いつまで続くかわからないと、含み益が減ってしまうのではないかと不安になります。しかし、反転のシグナルが出るまでトレンドは継続するとわかっていれば、ポジションをホールドしても安心できますよね。反転シグナルが出れば、イグジットすればいいだけです。

「グランビルの法則」で売買のタイミングを測る

「グランビルの法則」は、売買のタイミングを測るために、移動平均線と価格の位置関係に着目したものです。買いで4通り、売りで4通りの合計8つのタイミングがあります。

　FXは価格をチャートで見るので、ローソク足と移動平均線の位置関係と考えてください。ダウ理論と通ずる面があるので、合わせて考えるとわかりやすいです。図2-02が8つの売買のタイミングをあらわしたチャートです。中心に走っているのが移動平均線です。

図2-02　グランビルの法則の売買ポイントは買い4つ、売り4つ

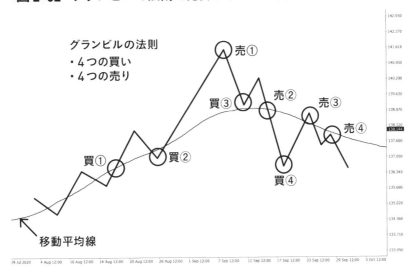

　グランビルの法則は、ダウ理論と同じくトレンドにフォーカスした法則です。「**トレンドに乗ること**」、「**押し目買い**」や「**戻り売り**」が有効であることを意味します。

　8つの場面を詳しく見ていきます。

買い①……トレンドが出はじめ、ローソク足が移動平均線を下から上に突き抜けたとき（移動平均線が上向きであること）。

買い②……上昇トレンドが下落し、再び移動平均線を下から上に突き抜けたとき（移動平均線が上向きであること）。

買い③……移動平均線から大きく乖離して上昇したあと下落し、移動平均線の手前で反発したとき。

買い④……上昇トレンドのあと、下向きになりつつある移動平均線を下へ大きく突き抜けたとき。

売り①……上昇トレンドのとき、移動平均線から大きく乖離して上昇したとき。

売り②……上昇トレンドのあと、下向きになりつつある移動平均線を上から下へ突き抜けたとき。

売り③……戻りをつけてから、下向きの移動平均線を上から下へ突き抜けたとき。

売り④……下落しているとき、再び戻りをつけて移動平均線の手前で反落したとき。

　ダウ理論をチャートに落とし込んだイメージですね。売り②まで上昇トレンドが継続し、売り②でトレンドが否定されて転換シグナルが出たと考えてください。

「エリオット波動」で8つの相場サイクルを見る

「エリオット波動」は、ダウ理論より少し遅い、1900年代前半に考案された法則です。「相場にはサイクルがあり、値動きには一定の法則がある」という理論です。エリオット波動も、フォーカスしているのはトレンドなので、とてもわかりやすいです。グランビルの法則を別の視点から見たチャート分析のようなものともいえます。

エリオット波動の法則
・トレンドは「5つの上昇波」と「3つの下降波」の「計8つの波」がひとつの周期になっている

　図2-03の上昇トレンドを見てください。トレンドとはいえ、一方向へ進むのではなく、上昇したら下落し、高値と安値を切り上げていくのがわかります。この値動きのプロセスが、5つの上昇波です。そして、下落する天井圏では3つの下降波が出ています。上昇トレンドでも、いつまでも上がり続けることはなく、いずれ下落します。ですから、上昇波だけでなく、下降波も含めることで、ひとつのトレンドが完成します。この8つの波からなるサイクルが、エリオット波動が提唱する法則です。なお、下降トレンドのときは「5つの下降波と3つの上昇波」になります。

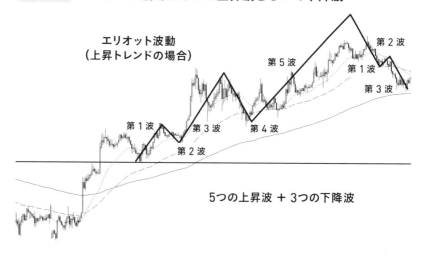

図2-03 エリオット波動は5つの上昇波と3つの下降波

エリオット波動
（上昇トレンドの場合）

第1波
第2波
第3波
第4波
第5波
第1波
第2波
第3波

5つの上昇波 ＋ 3つの下降波

　図2-03は、グランビルの法則の図2-02と比べてみると、チャート
の形が似ていますよね。ですから、エリオット波動だけで考えるのでは
なく、前述の2つの法則（ダウ理論、グランビルの法則）と組み合わせ
てとらえるといいでしょう。理論がどれも似ているということは、相場
の本質を言い当てていると考えていいのではないでしょうか。デイト
レードでは、トレンドが発生したときに利益を上げることができます。
**3つの理論もトレンドにフォーカスしていますね。いわば、トレンドが
発生する根本的な仕組みといえます。**

　デイトレードで利益を上げる土俵は、前述の通りトレンド相場です。
仕組みを知っていれば、どのような場面でエントリーし、どこでイグ
ジットすればいいかがわかってきます。たとえば、エリオット波動の上
昇第3波が出たら、次は第4波が出るため、戦略も立てやすいです。上
昇第3波と認識できれば、この先押し目をつけてさらに第5波までイ
メージすることができますよね。あとは、後述するテクニカル分析でト
レードのタイミングを測ればいいでしょう。

　図2-04は、ユーロ／円の30分足です。チャートの左から下降トレン

ドが発生しました。エリオット波動で5つの下降波と3つの上昇波を見つけてください。なお、チャート分析では、これが絶対に正しい、という解釈はよくありません。正解はひとつではなく、解釈の方法はいくつもあります。トレーダーごとに違うといえます。まず、相場の値動きを自分で説明できるようになることが大切です。

図 2-04　トレンドをエリオット波動で説明してみる

　チャートをパッと見ただけでは、いきなり5つの下降波と3つの上昇波は認識できません。左からローソク足を丁寧に見ていき、どこで戻りをつけたのか、高値と安値をよく見るなど、じっくり観察することがコツです。

　チャート分析では、時間をかけて左から右へ、ゆっくり見ていきましょう。デイトレードは、チャートを開いてすぐにエントリーするものではありません。何時間、長いときは何十時間もの時間をかけて戦略を立て、それからエントリーします。ですから、数秒や数分でチャート分析が完了することはありません。じっくり観察してください。図2-05が図2-04のエリオット波動です。

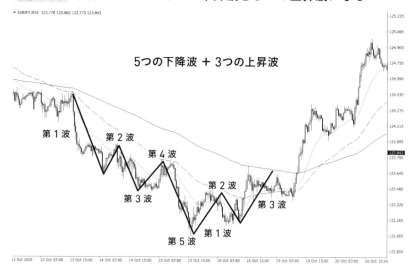

図2-05 下降トレンドは５つの下降波と３つの上昇波になる

5つの下降波 ＋ 3つの上昇波

第1波　第2波　第4波　第3波　第2波　第3波　第5波　第1波

　細かい上下動を気にしていると、波がわからなくなります。高値と安値を大きく切り上げている、もしくは切り下げている箇所を見つけるといいでしょう。

　たとえば、下降第２波から第３波に向かう途中、ローソク足を１本ずつ見ていると、どれを起点にするか迷ってしまいます。ローソク足の高値と安値をチェックし、切り上げている、もしくは切り下げている箇所に注目します。そして、１回で５つの下降波を描こうとするのではなく、細かい波を描き、最後に図２-05のような軌跡で認識するといいでしょう。

　たとえば、下降第１波から第３波の途中で、細かい上下動を見ると５つの波と認識するかもしれません。そうすると、第５波までに10個以上の波になるでしょう。それを大きな波ととらえ、５つの波にします。最初から５つの波に絞ろうとするのではなく、高値と安値をすべて波とし、細かくとらえるといいかもしれません。つまり、**エリオット波動を認識するプロセスは、１回ですぐにできるものではなく、何度も訂正するということです。**ですから、１回でできなくても、しっくりくる「５

つの下降波と３つの上昇波」が認識できるまで、継続して分析することが大事です。

　これは、チャート分析全般にいえることです。チャートを見て、分析が即完了し、すぐにエントリーできるなんてことはありません。分析をし、そこからローソク足がどう形成されるのかを観察し、間違っていれば訂正して分析し直す。これを繰り返してようやくエントリーポイントが浮かび上がってきます。

　ちなみに、図２-05でエリオット波動が形成されたあとは、それまでとは違う相場の波になりました。図２-06を見てください。それまでの下降トレンドが終わり、上昇トレンドになりました。第１波と第３波は値幅がありますね。波動ごとに値幅やトレンドのスピードが異なるのが、チャート分析の難しいところです。しかし、同じ波が続くのか、それとも違う波になるのかを気にしていれば、意識してローソク足を見るようになります。

図2-06　トレンドごとに波は変わるので意識的に転換点を見る

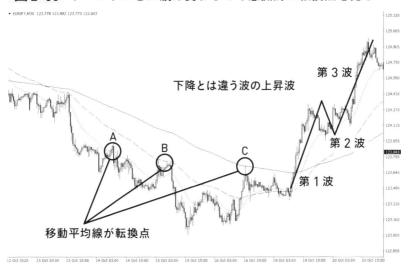

Chapter

2

強固な土台を作るチャート分析方法

そして、グランビルの法則もチェックしてみましょう。Ａ、Ｂ、Ｃ
は、移動平均線が転換点になっています。グランビルの法則通りではな
くても、移動平均線とローソク足に着目すれば、戻り箇所がおおよそわ
かりますね。移動平均線を意識していれば、ローソク足が移動平均線に
戻ってきたときに、これから下げるかもしれないと準備できます。

　ダウ理論も当てはめると、トレンドは否定されるまで続きます。高値
を切り上げない限り、戻したら下げはじめるポイントになるとわかりま
す。上も下も、どちらに進むのかまったくイメージできないのではな
く、ある程度イメージすることができます。

　グランビルの法則やダウ理論だと、ここから下げるかもしれない。エ
リオット波動を形成するなら、高値を切り上げてはいけないので下げる
可能性がある。このようなイメージができるようになります。**100％当
てる必要はなく、まずイメージすることが大事です。イメージと異なれ
ば、分析し直します。**イメージ通りなら、いよいよエントリーに近づく
というわけです。このイメージが大切であり、できなければエントリー
までたどり着けないことになります。

エリオット波動は３波と５波で利益を出す

　上昇トレンドは、押しては引いてを繰り返しながら、上げていくこと
がわかりました。一方向へ上げるのではなく、上昇したら必ず下げて押
し目をつけ、小休止してから再度上げていきます。これが、トレンド全
体で８つの波になります。では、どの場面でトレードしたらいいか、考
えていきましょう。

　上昇トレンドの底でエントリーし、天井までホールドして利益確定す
ることは可能でしょうか？　図２-07は、ポンド／米ドルの５分足です。
Ａあたりから上昇トレンドが発生し、Ｂが天井です。果たして、Ａで買
いポジションを持ち、Ｂまでホールドして根こそぎ取れるでしょうか？
　もちろん、根こそぎ取ることは可能です。しかし、トレンドが出たと

きに底から天井まで毎回ホールドするのは、現実的ではありません。な
ぜなら、トレンドがはじまった、もしくは終わったというのはあとづけ
であり、渦中ではわからないからです。ダウ理論に、「トレンドは否定
されるまで続く」とありました。上昇トレンドが否定されるというの
は、安値を切り下げるなど、ある程度の下落が必要です。ですから、下
落する前に天井で利益確定するのは不可能です。

図2-07 底から天井までで現実的にトレード可能な箇所を考える

実際のトレードでは、トレンドが出るのを期待してエントリーする
と、ことごとく裏切られます。**上がると思って買うのではなく、上がっ
たのを確認してから買うのがおすすめです。**ですから、底でエントリー
することはできません。あらためて確認すると、エントリーポイントは
次の2つでした。

エントリーポイント
・値が止まるポイント
・値が走り出すポイント

トレンドが出はじめたら、この2つのポイントを見つけましょう。トレンドが出ると、図2-08のようにラインを引くことで、2つのポイントがわかります（ラインについては後述します）。逆に、トレンドが出ていない状態でラインを引くことはできません。

　なぜ、トレンドが出ると2つのポイントが見つけやすいかというと、これまでの2つの法則を考えればわかります。上昇トレンドが出ると、上げたら下げて押し目をつけ、また上げていきます。このプロセスが、グランビルの法則だと、移動平均線の突き抜けになります。エリオット波動だと第3波や第4波になりますね。この一時的に下げるときに、安値が形成されてラインが引けるからです。いったん上昇トレンドが出たら、次は下げるのが法則なので、下落するイメージができますよね。また、下げたら上げるとわかります。ですから、一時的に下げたとき、ラインを引いて止まるポイントを認識できれば、そこから上げるイメージができるのです。

図2-08　ラインで値が止まる／値が走り出すポイントを見つける

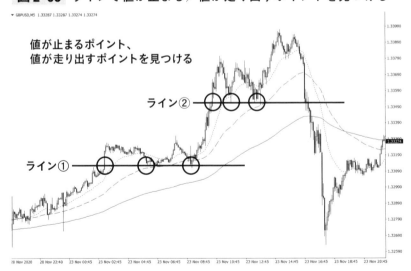

　ライン①、②は、どちらも下げ渋っているポイントです。上昇トレンドの最中ですから、これ以上は下げないとなると、上がる確率が高まる場面です。そこで、買いポジションを持てばいいのです。

　図2-09を見てください。第1波と第2波を事前に認識するのは、かなり難しいはずです。しかし、押し目をつけたときにラインを引き、第3波をイメージすることは可能です。そこで、実際にエントリーするのは第3波と、そのあと押し目をつけたあとの第5波がおすすめです。**底から天井を根こそぎ取ろうとするのではなく、トレンドの出はじめは様子見をし、本当にトレンドが出たことを確認してからエントリーすると、確度の高いトレードができます。**

　第3波は3時間で70pipsの上昇、第5波は2時間で50pips上昇しました。たとえば、第3波で3時間ホールドして70pips取るのではなく、エントリーからイグジットは2時間で、利幅は50pipsなどのトレードが現実的です。

　第3波のなかでも、天底を取ろうとすると、値が走り出す前にエントリーしたくなります。そうではなく、実際に値が走り出してからエント

図2-09　第3波と第5波で損益率のよいトレードができる

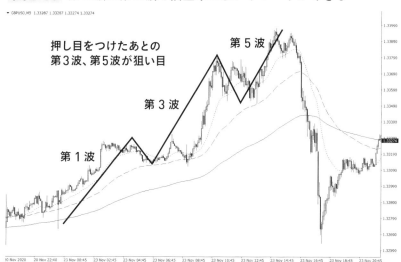

リーしたほうが、より確度が高くなります。また、そうしたほうが損切りポイントが決めやすく、損小利大のトレードができるようになります。「ここでエントリーしてダメならあきらめがつく」というトレードがしやすいのです。

このように、エリオット波動では、第3波と第5波をデイトレードの土台にすると、損益率のいい理想的なトレードが可能です。

では、図2-09で、グランビルの法則に当てはめてローソク足と移動平均線の関係を説明してください。チャート分析に正解はありませんから、当てようとするのではなく、自分で説明できるようになりましょう。

図2-10　グランビルの法則でとらえることもできる

図2-10を見てください。ローソク足が移動平均線まで下落した、A、Bがポイントになるでしょう。ローソク足が移動平均線を下から上に突き抜けた、という正確なポイントを探すのは、現実的ではありません。3つの法則は、あくまでも大枠でそうなるという理解にとどめ、細

かいエントリーポイントはラインを引いて、後述のチャート分析で見つけましょう。

　ちなみに、Cは上昇トレンドから急落して行きすぎた買いポイントで、グランビルの法則だと買い④にあたります。実戦では、グランビルの法則というだけでCをピンポイントで当てるのは無理なので、他のテクニカル根拠と組み合わせていきます。

06

マルチタイムフレームで
確実に大局をつかむ

┃ 2つの時間軸を組み合わせると方向性を見失わなくなる

　確度の高いデイトレードを行なうために、有効な分析が「マルチタイムフレーム」です。5分足や15分足など、ひとつの時間軸でチャート分析をしていると、大きな流れがわかりません。そこで、**4時間足や日足などの上位足と、5分足や15分足などの下位足をセットで分析するのがマルチタイムフレームの使い方です**。これにより、大きな流れ、そしてそのなかの小さな流れがわかるようになります。

　上位足が森だとしたら、下位足は1本の木です。デイトレードでは、トレンドフォローが大事です。たとえば、5分足が好きだからといって、他の時間軸を見ないとします。5分足はトレンドでも、4時間足は狭いレンジ相場だと、5分足のトレンドは長続きしません。損切りが連続するのに、なぜ負けるのか、なぜトレンドが続かないのか、理由を突き止めることができません。これでは検証ができません。「4時間足という大きな流れではレンジ相場である」という認識ができていないため、情報不足なのです。

　図2-11を見てください。ポンド／円の15分足です。Aでブレイクして上昇トレンドが出ましたが、果たして15分足だけを見てトレンドに乗ることは可能でしょうか?

図2-11 トレンド発生したときに15分足だけでトレードできるか

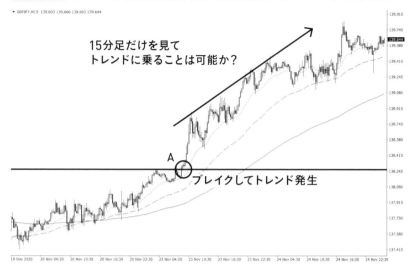

15分足だけを見て
トレンドに乗ることは可能か?

A

ブレイクしてトレンド発生

　Aを上にブレイクしたことで、上昇のスピードが加速したことはわかります。しかし、いざエントリーするとき、本当に上昇トレンドが継続するのか、15分足を見ているだけでは自信が持てません。いったい、今までどんな流れであったのか、数日前からどんな相場になっているのかがまったくわからないからです。ですから、上昇トレンドに乗るにしても、自信のないトレードばかりをすることになります。これでは、コツをつかむのは不可能で、いたずらに時間だけが経過してしまいます。

　そこで、15分足よりも上位足である1時間足をチェックしてみます。そうすると、大局がわかります。図2-12を見てください。

図2-12 ポンド／円15分足を１時間足で見てみる

▼ GBPJPY,H1 139.633 139.669 139.570 139.653

15分足のトレンド

上昇

横ばい

上昇

i Nov 2020   9 Nov 11:00   10 Nov 11:00   11 Nov 11:00   12 Nov 11:00   13 Nov 11:00   16 Nov 11:00   17 Nov 11:00   18 Nov 11:00   19 Nov 11:00   20 Nov 11:00   23 Nov 11:00   24 Nov 11:00

　上位足にすると、チャートに表示される時間が長くなります。この１時間足は、左端から右端まで３週間分のローソク足です。15分足で見ていたトレンドは、右側のAの部分でした。１時間足では、左から「上昇→横ばい→上昇」という上昇トレンドですが、15分足だとその最後の上昇しか把握できません。１時間足で３週間分の流れを見ていれば、１時間足で上昇トレンドに回帰しそうなポイントと15分足の上ブレイクが重なっているので、ブレイクが大きなものになるとイメージできます。

　もし、１時間足が下降トレンドだったらどうでしょうか？　その場合、15分足で上にブレイクして上方向になったとしても、１時間足は下方向なので、仮に１時間足の流れに飲まれてしまえば、15分足の上昇トレンドは失敗に終わるでしょう。

　今回は、１時間足と15分足の流れは同じ上方向なので、より上昇する確率が高まるのではないでしょうか。**つまり、値が走り出す可能性が高いので、買いポジションを持つと勝ちやすい場面になります。**このよ

うに、ひとつの時間軸だけでなく、下位足と上位足を組み合わせて２つ以上の時間軸で総合的に判断する方法が、マルチタイムフレームです。そして、２つ、３つ、４つと時間軸を組み合わせていくことで、より深い分析ができます。図２-13は同じポンド／円の４時間足です。

図2-13 ポンド／円の15分足と１時間足を４時間足で見てみる

４時間足だと、２か月分のローソク足をチェックすることができます。これで、中長期の流れがすぐにわかります。この２か月を見ると上昇しています。少なくとも、下降トレンドではないとわかります。Aの部分が15分足ですが、４時間足のほんの一部でした。１時間足も、４時間足で上ブレイクした部分しか見えていませんでした。３つの時間軸をチェックしましたが、それぞれ流れは下記になります。

- ・４時間足 → 上昇
- ・１時間足 → 上昇
- ・15分足 → 上昇

方向性はすべて同じです。そこで、15分足で「買いポジション」を持つと、期待値が高いデイトレードができることになるのです。15分足だけでは、小さな流れしかわからないため自信が持てなくても、1時間足や4時間足をチェックすることで、大きな流れがわかります。

　トレンドフォローの基本は、大きな流れに従うことが大切です。まずは、上位足でチャート分析をして流れをつかみ、そのうえで下位足を分析すると、よりエントリーポイントが絞りやすくなります。チャートは森と同じで、小さな木の集合体がひとつの森になります。1分足のローソク足が60本集まると、1本の1時間足になります。1時間足が4本形成されると1本の4時間足になります。逆に考えると、1本の4時間足のなかには、16本の15分足があります。このように、**下位足の集合体が上位足を形成し、それが永遠に続きます**。これは、フラクタル構造に似ており、チャート分析をするうえで重要なとらえ方です。マルチタイムフレームとフラクタル構造は、セットで考えるといいでしょう。

図2-14　チャートは下位足の集合体が上位足を形成する

　図 2 - 14 で、先ほどと同じ 4 時間足を見てください。4 時間足で「上昇→横ばい→上昇」となっています。右端の上昇のなかに、1 時間足で「上昇→横ばい→上昇」があります。さらに、1 時間足のひとつの上昇箇所には、15 分足で「上昇→横ばい→上昇」が入っています。つまり、15 分足でいくつもの上昇と横ばいが集合すると、4 時間足でひとつの上昇になります。これからデイトレードをするにあたり、マルチタイムフレームは絶対に必要な考え方なので、忘れないようにしてください。

　では、図 2 - 15 の米ドル／円で、マルチタイムフレームの観点から日足と 15 分足を観察し、この先どちらに行きそうか予測をしてください。日足だと、半年間下降トレンドが継続しています。きれいに高値と安値を切り下げていますね。現在が A です。これからどういうイメージができそうか、下位足の 15 分足を見てみましょう。図 2 - 16 です。

図2-15　下降トレンドの最中である米ドル／円の日足

　15 分足も下降トレンドです。日足も下降トレンドだったので、中長期で下方向、短期でも下方向です。そうすると、この先は次の 3 つのうち、どの可能性が高そうか、考えてみましょう。

① 上昇
② 横ばい
③ 下落

　デイトレードでは、この3つの可能性のうち、どれが高そうかをイメージすることが大切です。詳しく説明します。

図 2-16　下位足の15分足で3つの可能性を考える

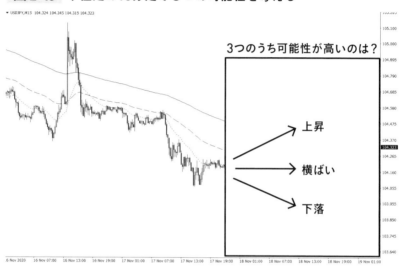

3つのうち可能性が高いのは？

上昇

横ばい

下落

3つの方向性のうち、どれが高い確率か

　日足だけ、15分足だけを見てエントリーしても、利益に変えるのは難しいです。日足を見て下降トレンドと認識してから15分足を見れば、どちらも流れは同じことに気づきます。流れが同じなので、その方向へ進むのが自然です。このようなイメージができたら、あとはテクニカル分析で、細かいエントリーポイントとイグジットポイントを探していきます。

　次に行なうのは「上昇、横ばい、下落」の3つのうち、どの可能性が

最も高いかをイメージすることです。値動きは、いくつもの方向性があるわけではありません。上昇、横ばい、下落の３つだけなので、イメージするのはそう難しいものではありません。

　デイトレードだと、上昇か下落の可能性が高いポイントでエントリーするので、判断は簡単です。横ばいなら様子見でいいですし、イメージと逆行したら損切りをするだけです。よくわからない場面でエントリーすると損切りも迷ってしまい、結局損につながる可能性が高くなります。しかし、**上昇か下落だけの予測となると、その通りに進むか逆行するか、結果がはっきり出るので、利益確定も損切りもしやすくなるのです。**

　この、上昇か下落かはっきりする場面でトレードすることも大事です。勝つなら勝ちますし、負けるなら早く損切りができるからです。これだと、損益率がいいトレードがしやすく、なぜイメージ通りに進まなかったのか、検証もしやすいです。では、図2-17で先ほどのトレードの結果を見てみましょう。

図2-17　上位足と下位足が同じトレンドになるときにトレードする

日足のトレンドに沿って、下位足である15分足も下落していきました。もちろん今回のように、上位足が下降トレンドだからといって、15分足も下落するとは限りません。日足の戻り部分では、下位足である15分足は強烈な上昇トレンドになることもあるので、上昇と下落の可能性はどちらもあったわけです。

　しかしデイトレードでは、エントリーしやすいポイントで、損益率がよくなる入り方をするのが大事なので、上位足と下位足の方向性がバラバラの場面で、あえてトレードする必要はありません。大きな流れに沿って進みはじめるポイントに絞ることで、利益が残しやすくなるというだけです。

　今回は日足が下降トレンドなので、15分足で下げはじめたら、そのまま進むと考えるのが自然です。同じ方向に進もうとしているのに、突然上昇することは考えにくいです。このように、3つの可能性のうち、どれが最も自然で確率が高いかを考えていきます。

まずは日足で陽線になるか陰線になるかをイメージ

　ローソク足には、陽線と陰線の2種類しかありません（始値と終値が同値だと、ローソク足の実体がない横線になります。これを「同時線」といいますが、あまり形成されないので、陽線と陰線の2種類と考えていいでしょう）。

　日足だと、1日経過すると1本形成されます。今見ているローソク足が、明日には必ず陽線と陰線のどちらかになっています。2種類なので、予測するのはとても簡単です。いつも当てようとすると、とたんに難しくなりますが、2種類しか考えなくていいので、考える作業がとても楽だということです。そのローソク足が、陽線と陰線のどちらになるかを考えるだけでいいのです。

　日足を形成する渦中では、価格はいつも変動しています。日足を形成するまでの細かい上下動を当てようとするから難しいのであって、日足1本だけを予測するならとてもシンプルです。日足が陽線なら必ず上昇

していくわけなので、どこで上昇しはじめるのか、下位足でタイミングを測ればいいだけです。そもそも、上位足のイメージがないと、下位足でトレードのしようがありません。大きな流れがどこへ向かっているのか、その方向性がわかるからこそ、下位足もイメージしやすいのではないでしょうか。ですから、**日足などの上位足でチャート分析をし、まずは陽線か陰線のどちらになるかイメージしてみることが大事です。**

　図2-18は、ユーロ／米ドルの日足です。レジスタンスラインを上にブレイクし、Aでは4連続陽線が出ました。4日連続で上昇している場面ですね。ここで実際にトレードすると想定し、下位足の1時間足で値動きを見てみましょう。

図 2-18　ブレイクして4連続陽線のユーロ/米ドル（日足）

図2-19 日足で陽線の箇所を1時間足で見る

日足で4連続陽線のポイント

　図2-19が1時間足です。1、2、3、4が、日足で4連続陽線だっ
たそれぞれ1日分のローソク足です。日足で陽線なので、少し下げて
も、そのあとは必ず上昇してきます。1では最初に少し下落しました
が、そのあとは高値を更新しています。2、3、4も同じで、下げはじ
めたと思ったら、クルリと切り返して高値を更新し、1日が終わってみ
ると始値よりも終値のほうが高いです。つまり、日足では陽線ですね。

　値動きのプロセスを書いたのが、同じ１時間足の図２-20です。上昇したら上げ続けることはなく、一時的に下げます。これが押し目となり、そのあとでさらに上昇していきます。一連の流れがエリオット波動になっていることがわかります。日足で陽線をイメージすることは、前提として大事です。そして、陽線を念頭に置き、１時間足などの下位足でエリオット波動がイメージできれば、より細かい値動きまで分析できます。

　日足で陽線のイメージがなければ、１時間足で少し下落したとき、「これが押し目になる」と考えるのは難しいかもしれません。少し下げると、「上昇トレンドは出ないのかな？」と勘繰ってしまい、目先の値動きにまどわされてしまいます。下げているときに、矢印の部分のように「このあと上げる」と考えるのは難しいです。日足が陽線になるという大局が把握できているからこそ、１時間足で下落したときにチャンスとして見えるのです。

図 2-20　トレンドはエリオット波動が基本

図 2-21 ユーロ／米ドルの1時間足を15分足で見る

日足が形成されるまで

短い時間軸にすると
陽線と陰線は混在する

　では、さらに小さい流れを15分足で見てみましょう。図2-21です。日足で陽線なので、15分足でも1時間足と同様に、一時的に下げてもクルリと切り返して上昇します。そして、始値よりも終値が高くなります。もし、日足で陽線というイメージがなければ、この値動きは予測不能ではないでしょうか。まったく戦略もなしで、大局が把握できていない状態だと、15分足で下げては上げる動きをするため、翻弄されるのは火を見るよりも明らかです。

　しかし、**日足で陽線ができるイメージがしっかりできていれば、下げてもいずれ上げるので、値動きにしっかりついていけます。**チャート分析でタイミングを測り、買いポジションを持つのが、トレンドフォローのやり方です。下降トレンドの場合は逆で、一時的に上げてもそれは戻りなので、戻りをつけたらタイミングを測って「売りポジション」を持ちます。このような作業が、トレンドフォローです。

トレンドには揺り戻しがあると理解する

トレンドフォローで一番やっかいなのは、揺さぶりです。前述の通り、ト
レンドは上昇なら上昇で上げ続けることはなく、一時的に下げる局面が
あります。トレンドが発生したら、押し目などなく、ずっと上昇すればト
レードはとても簡単なものになります。上げはじめたら買い、トレンドが
終わるまでホールドしていれば爆益になるでしょう。その間、含み益が
減ることなく増えるので、メンタルを崩すこともありません。

しかし、実際はそうなることはなく、トレンドには揺り戻しがありま
す。上昇するという目線は合っていたとしても、タイミングがずれれ
ば、損切りになります。損切りしたあと、思っていた方向へ進んでしま
うと、悔しくてたまらないでしょう。これからデイトレードのスキル
アップで壁となるポイントは、間違いなく相場の揺り戻しです。ですか
ら、**トレンドは押し目や戻りが必ずある**ことを念頭に置いて、**チャート
分析をするようにしてください。**そうすれば、揺り戻しをうまく利用
し、タイミングよくポジションが持てるようになります。

では、日足から1時間足、そして15分足と見てきたユーロ/米ドル
を、さらに細かく5分足で見てみましょう。図2−22です。A、B、C
は、もみ合っている部分です。全体では上昇トレンドにもかかわらず、
A、B、Cで高値を更新するのはほんのわずかの時間で、ほとんどがも
み合っていることがわかるかと思います。A、B、Cだけを見るとレン
ジ相場です。行ったり来たりしていて、レンジ内だけ見ていると方向性
がわかりません。それぞれの四角の右端では、一瞬だけ安値を更新し、
リアルタイムで見ていたらこれから下げるのではないかと思ってしまう
でしょう。特にBの部分では、24時間以上もみ合った結果急落してい
るので、ここで上昇トレンドは終了したものと考えてしまいます。しか
し、安値を切り下げると、クルリと切り返して高値更新しています。**上
昇トレンドでは、このような押し目をつけてから次の展開へ進むので、
必ず下げてくる場面があると認識してください。**

図2-22 トレンド後のレンジ相場で揺さぶられないように注意する

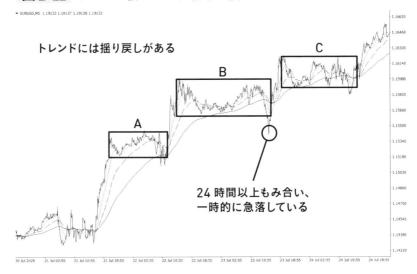

トレンドには揺り戻しがある

24時間以上もみ合い、一時的に急落している

　レンジ部分では揺さぶられるので、この揺さぶりと上手につき合うことが大事です。相場に振り回されてメンタルを崩しているようでは、トレードでは勝てません。そうならないよう、相場とは揺さぶりがあるということを知っておくことで準備ができます。マルチタイムフレームなどを活用し、揺り戻しの混乱を回避しましょう。そして、後述するチャート分析方法を組み合わせ、エントリーのタイミングを測ってください。

　では、別の相場を見てみましょう。図2-23は、ポンド／豪ドルの日足です。Aでラインを下抜け、陰線が出て下げが加速しています。Aのポイントで実際にトレードするとき、どんなイメージができるか考えてみます。

図2-23 ラインを下抜けて下げが加速したポンド／豪ドルの日足

ラインを下抜けして
下げが加速

A

　マルチタイムフレームの観点から、図2-24で1時間足を見てみましょう。日足と同じラインを下抜け、これから下落するかどうかという場面です。実際にトレードしていると、Aのように先が見えません。今回は日足で陰線なので答えはわかっています。1時間足のAは下落しますが、そうだとわかっていてもローソク足をイメージするのは簡単ではありません。実際のトレードでは正解はありません。完全にイメージだけでポジションを取らなければならないのです。ですから、こうした練習問題でしっかりイメージ作りのクセをつけておきましょう。少なくとも、あとづけのチャートでイメージが持てなければリアルトレードでは勝てません。

図2-24 ポンド／豪ドルの日足を１時間足でイメージしてみる

今回は図２-25のように、Ａで戻りをつけたあと下げました。しかし、一方向で下げ続けることはありません。Ｂでもきちんと戻りをつけていることがわかります。そして、再度安値を更新して下落し、エリオット波動が出て下降トレンドが完成します。

このように、日足が陰線なので、１時間足で下落するイメージができるはずです。さらに、戻りをつけて再度下落するというエリオット波動のプロセスまでイメージできると、エントリータイミングがつかみやすくなります。この流れを頭に入れておきましょう。

図2-25　1時間足でエリオット波動が出ると日足で陰線になる

揺り戻しがあると
エリオット波動が完成

1時間足のBの箇所を5分足で見たのが、図2-26です。

図2-26　上位足では下降トレンドでも5分足では上昇する場面も

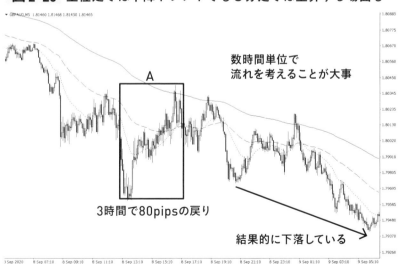

数時間単位で
流れを考えることが大事

A

3時間で80pipsの戻り

結果的に下落している

下位足にするほど揺り戻しは大きく見えます。Aでは3時間で80pips上昇しましたが、上位足は下降トレンドの最中なので、戻りの一部になります。上位足の流れを把握しているからこそ、ここで80pips上昇しても「これは戻りだ」と認識できます。しかし、日足で陰線のイメージがなく、いきなり5分足を見たら、Aの部分で「売り戦略」をキープするのは難しいでしょう。まして、タイミングを測って本当に売りポジションを持つのはイメージできませんよね。上位足で下降トレンドと認識できているからこそ、Aの強めの上昇でも焦らずに売り戦略をキープできるのです。

　そもそも、**上げている最中に売るタイミングを測るのは、思っている以上に難しいことです。**見ているチャートの流れに反したポジションを取ろうとしているからです。見ているチャートよりも長い時間軸の流れに踏襲されることを先読みしているので、流れに反したポジションが取れるわけです。5分足でトレードするにしても、数時間単位の流れで考える必要があります。

マルチタイムフレームのチャート画像の残し方

　このChapterでは、3つの理論とマルチタイムフレームの考え方を見てきました。トレードルールを作るうえで、この見方で過去のチャート分析をしていくことは本当におすすめです。

　このとき、スクリーンショットで画像を残すことについてはChapter 1で触れた通りです。たとえば、エリオット波動の第1波から第5波のプロセスを線で引き、どこからトレンドが出たのかなどを書くといいでしょう。書き込むポイントは次の2つです。

ノートに書き込むポイント
・どこで値が止まったのか
・どこから値が走り出したのか

さらに、なぜ値が止まったり走り出したりしたのか、その理由を自分なりに書き出すといいでしょう。このラインで反発した、上位足の流れに沿ってトレンド回帰した、などを具体的に書いてみてください。

また、マルチタイムフレームは2つ以上の時間軸になるので、上位足と下位足を同時に保存するか、下位足だけ残すなら上位足の流れがどうだったのかを書くといいでしょう。このとき、「上位足は上昇トレンドの押し目をつけた箇所だった」と書いてあるだけでも、あとで見返すとわかりやすいでしょう。

また、実戦を積んでくると勝ちパターンや負けパターンが出てくるので、どういうポイントでトレードして勝ったのか（負けたのか）を残しておくといいでしょう。

たとえば私の場合は、もみ合いで揺さぶられて損切りをし、そのあと思っていた方向へ進んでいくパターンが多いです。このような負けパターンがわかったら、図2-27のように書いて残しておきます。

図2-27　負けパターンを書き込んでデジタルで残す作業をする

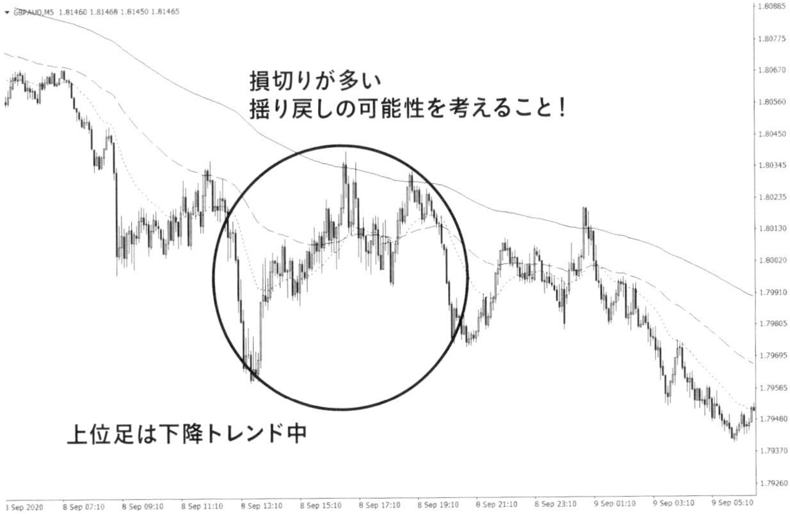

これは、図2-26と同じポンド／豪ドルの5分足です。前述した通

り、丸の箇所は勢いよく上昇しています。しかし、上位足は下降トレンドの最中です。戻り売りをして損切りをしたときに、もう下落しないと決めつけ、そのあとの下落をみすみす逃すパターンです。敗因は、「ショートするタイミングが早すぎること」です。まだ戻している最中にショートをしたため、エントリー後は上昇してすぐに損切りとなりました。この上げは上昇トレンドなのか、それとも戻りなのかを、よく考えなければなりません。エリオット波動で戻りの部分だとすると、数時間後には下降トレンドに回帰していくイメージをするのが正解です。

　このような負けパターンが多いので、画像でしっかり残しておくと、注意するようになります。そして、どこで戻りが止まり、どこから下げはじめたのかを、ゆっくり考えることができます。これこそ、値が止まるポイントと、値が走り出すポイントに他なりません。ぜひ、デジタルでチャートの記録を残していきましょう。

Chapter

ラインは最もシンプルに機能する最強ツール

07 デイトレードで利益を上げるために必須のツール

2種類のラインを引けるようにしよう

チャート分析において、最も大切なツールをひとつ挙げるとしたら、私は迷わず「ライン」を選びます。ラインは、デイトレードで継続して利益を上げる最強のツールだと考えています。なぜかというと、どんなに相場が変化しようが、どんな値動きであろうが、ローソク足がある限り、その場で簡単にラインが引けるからです。

いつでも、どこでも、チャートさえあればラインを引くことができます。それによって、トレードルールで重要な「値が止まるポイント」「値が走り出すポイント」を簡単に見つけることができます。また、エントリーするタイミングさえもラインで測ることが可能です。ですから、ラインを引くコツを覚えてしまえば、デイトレードで極めて有利な状態といえます。しっかり覚えてください。

ラインには、次の2種類があります。

2種類のライン
・横のライン（水平ライン）
・斜めのライン（トレンドラインなど）

私は、次のChapterで説明する「移動平均線」と「ライン」を使い、デイトレードのルールを作っています（デイトレード手法は前著『最強のFX 15分足デイトレード』をご参照ください）。ルール化できるくらいラインは使えます。私と同じように使うのもいいですし、さらに違うテクニカル分析を組み合わせて使うのもいいでしょう。どちらにしても、ビギナーが最初に覚えるチャート分析の方法として最適です。最もシンプルで、かつ有効に機能するテクニカルツールといえます。では、2種類のラインの使い方を、詳しく見ていきましょう。

「水平ライン」はサポートとレジスタンスになる

　高値側に水平に引いたラインが「レジスタンスライン」、安値側に水平に引くと「サポートライン」になります。図3-01を見てください。ユーロ円の4時間足です。

図3-01　反落している価格帯にレジスタンスラインを引く

価格が止まっているポイントがレジスタンス

　2つ以上の起点があると、水平ラインを引くことができます。同じ価

格帯で2回以上止まっているということは、意識されている価格帯といえるからです。3回目、4回目とその価格帯にきたときに、値が止まるのか、それともブレイクして走り出すのかをチェックします。水平ラインにタッチする回数が多ければ、止まるか走り出すかが明確になり、トレードの判断をしやすい値動きになります。その日トレードをはじめるときは、後述する斜めに引くトレンドラインを含め、私は必ずラインを引くようにしています。

まずは、前日に引いたラインがどのように機能したのかをチェックし、どこで値が止まったのか、走り出したのかを把握します。そして、現時点でどのラインが機能しているのか、修正が必要なら引き直すなど、私のチャートには常にラインが引いてあります。なお、ラインを引くときは、マルチタイムフレームの観点から、ひとつの時間軸ではなく上位足と下位足を観察してラインを引くようにします。上位足にラインを引いたら、それが下位足で、どの価格帯に当たるのかを把握します。下位足でラインを引いたら上位足もチェックします。

たとえば、5分足で何度もタッチしているレジスタンスラインがあって重要な価格帯だとしても、4時間足では単なる揺り戻しのポイントで、たまたまその価格帯でもみ合っているだけかもしれません。この場合、5分足でそのレジスタンスラインをブレイクしたからといって買いポジションを持っても、4時間足ではレンジなので、失速して損切りになる可能性があります。ラインを引くときは、必ず上位足と下位足を何度も切り替え、全体と部分の両方をチェックしてください。

では、図3-01のユーロ／円4時間足を、さらに上位足の週足で見てみましょう。図3-02です。チャート右端のAが4時間足の箇所です。4時間足で引いたレジスタンスラインが、週足ではどのように機能しているか、フォーカスしてください。

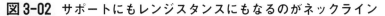

図3-02 サポートにもレンジスタンスにもなるのがネックライン

ネックラインはサポート、レジスタンス、両方の役割

4時間足の箇所

A

実は、4時間足は週足のほんの一部であることがわかります。4時間足ではレジスタンスラインでしたが、週足でチャートの左側から見ていくと、必ずしもレジスタンスラインではありません。むしろ、サポートラインになっている箇所もあります。同じ価格帯でも、サポートにもレジスタンスにもなるのが水平ラインです。こうなると、サポートラインなのか、それともレジスタンスラインなのかまったくわかりません。このように、時間軸を変えるとレジスタンスがサポートにもなるので、一概にレジスタンスラインとはいえなくなります。

そこで、水平ラインを総称して「ネックライン」と呼びます。**水平ラインを引くときのコツは、高値だけ、安値だけを結んで引くのではなく、（図3-02の週足のように）ローソク足を突っ切って引くようにします。**ラインを引く目的は、値が止まっていたり走り出したりしているポイントを探すことです。反発および反落している箇所にラインを引くので、サポートかレジスタンスか、深く考えなくていいでしょう。安値だけ、高値だけを引くのは簡単なので、サポートにもレジスタンスにもなっている図3-02のようなネックラインを引けるようになってくださ

い。ネックラインが引けるようになると視点が広がるので、デイトレードでは戦略が立てやすく、極めて有利になります。

　次に、さらに下位足の１時間足を、図３‐03で見てみましょう。４時間足と週足のネックラインがチャート上部にあります。このネックラインを大きなレジスタンスラインとすると、そのなかで小さなネックラインがあり、反発や反落を繰り返していることがわかります。チャートはフラクタル構造で、週足のネックラインがあり、そのなかに４時間足の小さなネックラインがあり、そしてさらに小さな１時間足のネックラインがあります。このネックラインで反発や反落をしながら、相場は動いています。ですから、ひとつの時間軸だけでなく、上位足と下位足をセットで引くようにしてください。上位足と下位足を繰り返し見ていくうちに、今日のトレード戦略が立てられます。

図3-03　上位足のネックラインの中に下位足のネックラインがある

　別の場面を見てみましょう。図３‐04は豪ドル／米ドルの日足です。Aでは、２回目で高値更新をするかどうかがポイントです。ここでレジスタンスラインが引けます。これからトレードするものとして、観察し

ていきましょう。日足だけ見ていてもＡで戦略は立てられないので、マルチタイムフレームの観点から、下位足の15分足を見てみましょう。

図3-04 レジスタンスラインに差しかかった豪ドル／米ドルの日足

> 水平ライン
>
> まずは価格が反応する箇所を見つける

図３-05が下位足の15分足です。日足と同じ水平ラインがあります。Ａでどうなるか、イメージしてください。水平ラインがあるため、上にブレイクするか、反落して下げるかのどちらかです。言い換えると、水平ラインから値が走り出すか、それとも水平ラインで値が止まるかです。日足でもレジスタンスラインになっているので、ブレイクするには相応の買い圧力が必要です。

図3-05 下位足の15分足で水平ライン付近を観察する

日足の水平ライン

A

　結果は図3-06です。水平ラインで値が止まり、反落しました。もちろん上にブレイクする可能性もあったので、あくまでもあとづけの解釈です。しかし、値が止まるか走り出すかのポイントであることは間違いありません。そこを見つけて準備できたので、トレードするまでのプロセスをしっかりと踏むことができていると考えられます。

　チャートを開いて、いきなりエントリーポイントが浮き彫りになることはありません。今回は、**上位足でラインを引き、下位足でしっかり準備できました。あとは他のテクニカル分析を組み合わせ、エントリーのタイミングを測っていきます。**デイトレードは、この繰り返しの作業が必要です。

図3-06 水平ラインで反落した豪ドル／米ドルの15分足

ラインで値が止まり反落

デイトレードで重要な「S波動」

　水平ラインでとても使える見方が「S波動」です。あるネックラインがレジスタンスからサポートに入れ替わったときに、きれいに反発してエリオット波動を描くプロセスです。

　図3-07を見てください。ユーロ／豪ドルの5分足です。Aではレジスタンスラインの役割をしていましたが、ひとたびブレイクすると、今度はサポートラインに変わります。同じラインでも、役割が変わる点は前述の通りです。そして、注目すべきはBです。レジスタンスだったAと同じ価格帯できれいに反発して、トレンドが発生しています。このように、**レジスタンスだったネックラインをブレイクしてサポートとして機能することを「S波動」**といいます。レジスタンスからサポートに役割転換していることから「ロールリバーサル」ともいいます。下落している場合は逆に読み替えてください。サポートからレジスタンスに入れ替わります。

　そして、値動きのプロセスを図3-08で見てください。

図3-07 レジスタンスからサポートに役割転換したS波動

同じラインでも役割が異なる

レジスタンス

A A B

サポート

　エリオット波動と同じプロセスですね。上昇トレンドの場合、上げて
は押すため、その一部がS波動になるのです。S波動が連続すると、エ
リオット波動の完成になります。ただし、トレンド回帰するポイント
（押し目が終わるポイント）が短いこともあるので、トレンドではいつ
もS波動が出るとは限りません。S波動だけを見つけようとしても、数
は少なくなります。エリオット波動の一部であり、すべてではありませ
ん。いつも出るとは限らないパターンですが、出たときは有効性が高い
という見方です。

　図3-07のBで反発したときは、そのあとはトレンドに回帰する可能
性が急激に高まるということです。なお、Bに来たときに反発を期待し
てロングするのは好ましくありません。Bで下抜けをする可能性もある
からです。すぐにエントリーするのではなく、あくまでも反発したのを
確認してからエントリーすると、確度の高いポジションが持てます。

図 3-08 S波動が出ると最終的にエリオット波動になる

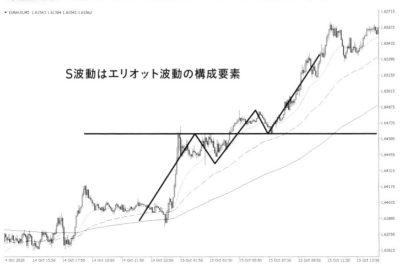

S波動はエリオット波動の構成要素

では、上位足にあたる４時間足を、図３-09で見てみましょう。上位足と下位足は繰り返しチェックすることを忘れないでください。Aが５分足のチャートでS波動が出たポイントです。４時間足で見ると、Aのラインはサポートにもレジスタンスにもなっているので、ネックラインです。Aで上ブレイクしてBまで上昇しましたが、４時間足だけではここまで上げるとわかりません。下位足の５分足をしっかり見てS波動を認識しているからこそ、上昇のプロセスがイメージできるのです。

　では、Bはどんな値動きになったのか、詳しく見てみましょう。Bでネックラインをブレイクし、４時間足では陽線が連続しています。ここを15分足にしたのが図３-10です。

図3-09 ５分足を上位足の４時間足で確認する

図3-10　ブレイクポイントでS波動が出ている15分足

S波動のポイント

　ネックラインをブレイクしたあと、AでS波動が出ています。エリオット波動の第2波が押し目となり、S波動になっています。ですから、Aで反発して上げはじめると、エリオット波動の第3波だと予測できるのではないでしょうか。トレンドフォローは第3波と第5波が狙い目であることは前述の通りです。そのため、Aで反発したのを確認してから買いのポジションを持つと、期待値が高いトレードができます。

　第1波と第2波が出ているので、第3波がどこまで進むのかイメージしやすくなり、利益確定が計算できます（利益確定については Chapter 5 で説明します）。また、Aのネックラインを下抜けしたら損切りすればいいので、損益率のいいトレードができます。

別の場面を見てみましょう。図3-11は、豪ドル／円の15分足です。下降トレンドが発生しており、第1波の安値と第3波の戻りが同じ価格帯で、Ｓ波動を描くかどうかのポイントに差しかかっています。このあとAでは、上昇、横ばい、下落の3つのうち、どのイメージができるでしょうか？

図3-11 豪ドル／円の15分足でエリオット波動をイメージして予測

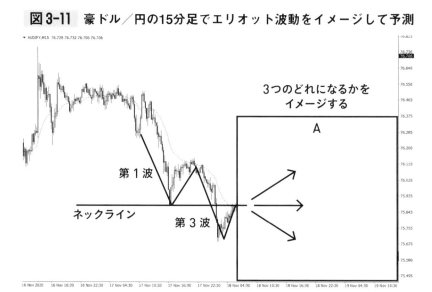

そのあとは、図3-12になりました。Aで反落してＳ波動が出はじめましたが、急騰して下降トレンドへの回帰が失敗しています。ショートポジションを持っていれば損切りになります。皮肉なことに、損切りしたあとの矢印の価格帯で反落してトレンド回帰していきました。ネックライン①ではなく、ネックライン②が機能したということです。

図3-12　すべてのネックラインでS波動が出るわけではない

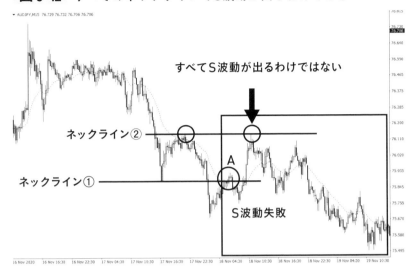

このように、すべてのネックラインでS波動が出ることはなく、必ずしもイメージ通りにはいきません。むしろ間違えることのほうが多いです。大切なことは、相場を当てることではありません。S波動という引き出しがあることを思い出し、使うことです。ずっと使わずに知識をしまっておくのではなく、適度に引き出して使っていくことです。いろいろな引き出しを使いこなすと、質も上がっていきます。

また、今回は損切りになったとしても、損益率がいい損切りなので問題はないでしょう。ネックラインを上抜けした段階で損切りすればいいですし、仮にS波動が出て利益が伸びれば、安値を更新をするため利幅が取れます。**トレードでは、イメージと異なったら投げ出すのではなく、すぐに目線を切り替えることが大切です。**今回なら、図3-13のように、エリオット波動のプロセスを描き直します。機能するネックラインは間違っていましたが、機能したネックラインがわかったので、次の準備をすることができます。値動きをイメージし、少しでも値動きがイメージと異なればすぐに立て直し、そのあとをイメージし直す。チャート分析は、この作業の繰り返しです。そのどこかで、タイミングを測っ

てエントリーをしていきます。

図3-13 目線が間違っていたらすぐに立て直す

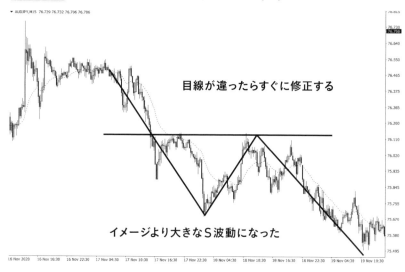

目線が違ったらすぐに修正する

イメージより大きなS波動になった

「斜めのライン」で深いチャート分析ができる

次に、「斜めのライン」を引いていきましょう。本書では、次の3つの斜めのラインを練習します。

3つの斜めのライン
・トレンドライン
・チャネルライン
・カウンターライン

引くときの注意点は、ラインの角度が毎回異なるため、未来にローソク足と斜めのラインがタッチするときの価格そのものがわからないことです。水平ラインだと、「米ドル／円の103.50円に引いたので、この先103.50円がサポート帯になる」と価格そのものがわかります。しかし、

斜めのラインだと、いくらでローソク足がタッチするかはわかりません。

　図3-14を見てください。米ドル／円の15分足です。下降トレンドが発生しているとき、高値側に引くのがトレンドラインです（下降トレンドライン）。ラインの右端を見ると、次にローソク足とラインがタッチするのはいつか、わかりません。ラインは斜めなので、タッチするときに価格がいくらかになるか予測することができないわけです。

　とはいえ、不利になることはありません。そもそも、テクニカル分析はローソク足の形で判断するため、斜めのラインを引くときに価格は深く考えなくていいでしょう。ここではローソク足に注目してください。

図3-14　下降トレンドラインを引いた米ドル／円の15分足

そして、下降トレンドのとき、高値側ではなく安値側を起点にしたラインを「アウトライン」といいます。図3-15を見てください。トレンドラインをそのまま残し、同じ角度で安値側に移動させると、アウトラインが引けます。同じ角度のトレンドラインとアウトラインを合わせて「チャネルライン」といいます。トレンドラインだけ、アウトラインだ

けでなく、チャネルラインが引けるようになると、ラインに関する引き出しが増えるので、ぜひ覚えておきましょう。

チャネルラインは、そのトレンドの波です。トレンドラインだけだと、高値側ばかり気にしてしまいます。しかし、チャネルラインを引こうとするだけでも、高値と安値の両方を見るようになります。ショートポジションを持つとき、しっかりと利益確定まで想定するためには、安値側も見なければなりません。ですから、チャネルラインは必ず引けるようにしてください。

図3-15 チャネルラインは同角度のトレンドラインとアウトライン

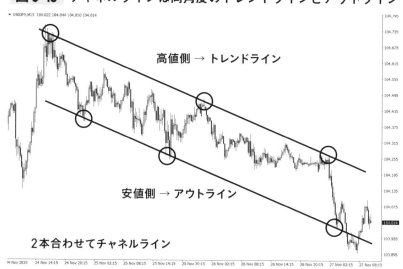

では、マルチタイムフレームの考えから、上位足を見てみましょう。図3-16が、米ドル／円の1時間足です。前述しましたが、下位足は上位足の一部でしかありません。15分足のチャネルラインも1時間足のトレンドの一部でしかありませんね。全体ではもっと大きな下降トレンドです。15分足のチャネルラインで、下降トレンドに回帰するかどうかでしょう。

着目すべきは、図のような水平ラインが引けるかどうかです。15分

足だけでは見えてこなかった水平ラインです。Aで反発するか下ブレイクするかで、相場の流れが変わるでしょう。斜めのラインと水平ラインの2つが交わっているポイントなので、方向性が出やすい箇所です。トレンドに回帰するなら「まさにココから」といえます。

　Aで上に反発すると、下降トレンド回帰は失敗です。急激に売り圧力が弱くなるなど、流れが変わるイメージができます。今回はAで下落したので、売り圧力の勝利です。このように、水平ラインと斜めのラインを組み合わせるのがおすすめです。**横と斜めの2種類のラインが交わったポイントこそ、値が止まる、走り出す箇所になりやすいです。**つまり、ここでエントリーすると損切りは早く、利益は伸ばすことができるポイントなので、損益率がいいトレードが可能になるのです。

図3-16 水平ラインと斜めのラインが交わるポイントは方向が出る

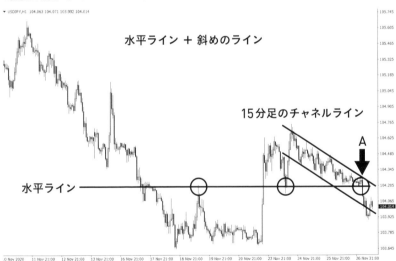

では、図3-17のチャートにラインを引いてみましょう。ポンド／円の1時間足です。先に、上位足の日足（図3-18）をチェックしてみます。

図 3-17 ポンド／円の１時間足にラインを引いてみる

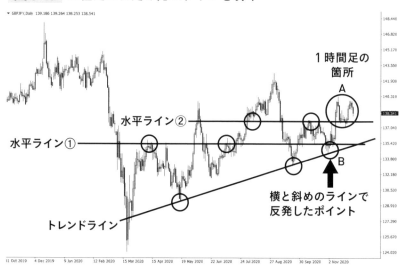

図 3-18 上位足の日足で先にラインを引く

１時間足の箇所

A

水平ライン②

水平ライン①

トレンドライン

横と斜めのラインで
反発したポイント

B

　図3-17の１時間足チャートは、図3-18のAの箇所です。日足だ
と、Aまでにいくつかラインが引けます。水平ライン２本と上昇トレン

ドラインが１本です。Aに至るまでで、重要なポイントはBでしょう。
ここは、横と斜めのラインが交わるポイントなので、方向性が明確にな
りやすい場面です。Bで反発し、さらに水平ライン②を上抜けしたの
で、Aではすでに上目線です。そのうえで１時間足を見ると、ラインを
引きやすいのではないでしょうか。

　日足をチェックしているからこそ、１時間足で引くラインに意味が出
てきます。１時間足の図３-17に戻り、横と斜めのラインを引いてみま
しょう。この引き方が正解であるというのはなく、あくまでも自分が
しっくりくるラインが引ければ問題ありません。

　図３-19が、私の引いたラインです。日足と同じ水平ライン②をどこ
に持ってくるかで見方が変わるので、この通りに引けなくて問題ありま
せん。それよりも、下降トレンドラインの引き方がポイントです。

図3-19　横と斜めのラインを引いたポンド／円の１時間足

　各ローソク足の高値だけを見ていると引けないラインなので、**ローソ
ク足を突っ切って引くクセをつけるようにしてください**。ぴったりと起
点で止まっているトレンドラインはむしろ珍しく、このトレンドライン

のようにローソク足を突っ切るラインのほうが、トレードでは役立ちます。実際、Aで少しもみ合っていましたが、上に動き出してからきれいな上昇トレンドになりました。このようなラインを意識して引くようにすることで、深いチャート分析ができるようになります。

　では、Aのポイントを下位足の15分足でさらに詳しく見てみましょう。図3-20のAは、1時間足のAと同じポイントです。2本のラインも1時間足と同じです。これを踏まえ、Bでどのような動きになるかをイメージしてください。ちなみに、Aの丸のなかでは、上にブレイクしたからといって急騰するのではなく、揺り戻しながら上昇しています。水平ライン②および下降トレンドラインなしで、ここで上目線になるのは難しいです。今回は、日足と1時間足で分析し、さらに横と斜めのラインも引いているので、Bは比較的イメージしやすいのではないでしょうか。

　図3-21が正解です。「第1波→第2波→第3波……」というエリオット波動のイメージができればいいでしょう。チャートを開いて、いきなりイメージすることはできません。**上位足からチャートを分析し、横と斜めのラインを引いてどこで値が止まったのか、そしてどこから値が走り出したのかをチェックします。**それから目線を決め、さらにブレイクを待って、エリオット波動のイメージができます。これで、ようやくエントリーのタイミングを測ることができます。トレードの順序もイメージするようにしてください。

図3-20 横と斜めのラインを引いて値動きをイメージする

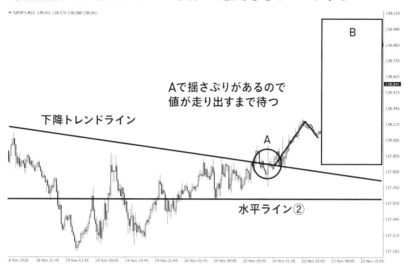

Aで揺さぶりがあるので
値が走り出すまで待つ

下降トレンドライン

A

B

水平ライン②

図3-21 エリオット波動のイメージで上昇するポンド／円の15分足

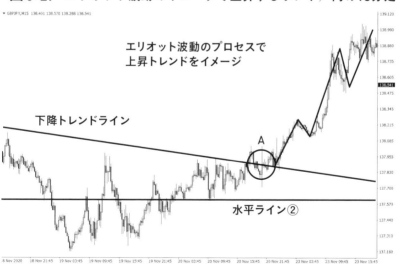

エリオット波動のプロセスで
上昇トレンドをイメージ

下降トレンドライン

A

水平ライン②

「カウンターライン」でエントリータイミングを測る

「カウンターライン（カウンタートレンドラインともいう）」とは、トレンドと逆方向に引くラインのことです。前述の２種類のライン（横と斜め）で目線を決め、カウンターラインでタイミングを測るイメージです。トレンドラインはトレンドと同じ方向に引きますが、カウンターは逆方向に引きます。

　図３-22のユーロ／米ドル30分足を見てください。まず、相場の流れは上昇トレンドです。ですから、１本のトレンドラインが引けます。トレンドとはいえ、一方向へ進むことはなく、押し目をつけながらエリオット波動を描いて上昇します。そのとき、高値を上にブレイクし、上昇トレンドに回帰する場面が必ずあります。そこを、カウンターラインを引くと見つけることができます。カウンターラインはトレンドと逆方向へ引くため、①、②、③、④のように、右肩下がりになります。

図3-22 上昇トレンド時のカウンターラインでタイミングを測る

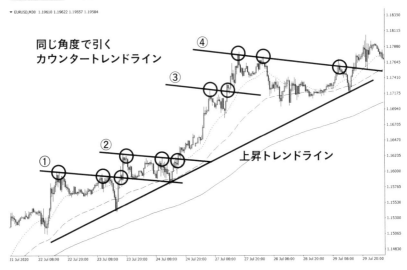

　カウンターラインのポイントは、次の２つです。

カウンターラインのポイント

・同じ角度で引く

・ラインは短い

①、②、③、④は、どれも同じ角度です。なぜなら、トレンドのなかでは、同じような波が続くからです。押し目をつけてから上昇トレンドに回帰する流れは、第1波や第3波、また第5波も同じようになりやすいのです。「このトレンドは、この角度で高値更新していきますよ」と教えてくれます。**いったんカウンターの角度が決まれば、押し目をつけたときに同じような角度でブレイクしやすいです。**

引く角度が1本ずつバラバラだと、どこでブレイクするのかわかりません。いかようにでも引けるため、カウンターラインの意味がなくなります。なるべく同じ角度で引くようにしましょう。

また、カウンターラインは押し目のときに引くので、短くなります。その代わり、引く本数は多くなります。なお、すべての相場でカウンターラインは引けるものではないので、引けないからといって、見方が間違っていることにはなりません。水平ラインやネックラインと同じように、いくつもあるラインのひとつにすぎません。トレンドが出たら、必ずカウンターラインが引けるとは限らないので、注意してください。押し目のつけ方やそのトレンドの波によっては、どうやっても引けないときはあります。

では、図3-23で、横と斜めのラインを引いてから、Aでの値動きを予測してください。ポンド／豪ドルの15分足です。カウンターラインも引けます。上昇、横ばい、下降のうち、どの可能性が高いでしょうか？　マルチタイムフレームの観点から、図3-24の4時間足で先にラインを引き、大局を把握してから15分足を観察してください。

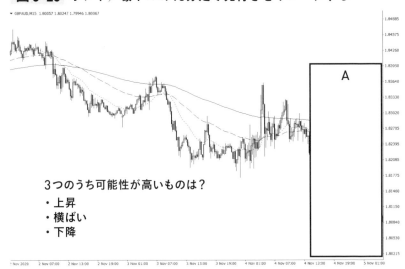

図3-23 ポンド／豪ドルの15分足で先行きをイメージする

3つのうち可能性が高いものは？
・上昇
・横ばい
・下降

A

図3-24 マルチタイムフレームの観点から4時間足を先に分析する

　図3-25で、4時間足での引き方から見ていきましょう。まず、高値と安値をチェックします。どちらも切り上げているので、上昇基調とい

うことがわかり、上昇トレンドラインが引けます。次に、水平ラインを
引きます。高値側や安値側に引くのもありますが、あまりにも現値と距
離が遠すぎるので、ローソク足を突っ切るようにネックラインを引きま
す。何度も反落や反発をしているので、反応している価格帯に引いてい
きます。そして、Aで**ネックラインとトレンドラインが交差しているの
で、反発か下ブレイクか、結果がはっきりするポイントに差しかかって
います。**ここで反発すれば、上昇トレンドに回帰する可能性がありま
す。一方、Aを下抜けすると上昇が否定される可能性があります。どち
らにしても、方向性が決まりそうな場所です。ただ、4時間足だけでは
判断できません。4時間足の分析を頭に入れたうえで、15分足を観察
していきましょう。

図3-25　2種類のラインを引いたポンド／豪ドルの4時間足

図3-26が、ラインを引いた15分足です。横と斜めのラインを引きま
した。15分足は高値と安値を切り下げているので、下降トレンドライ
ンを引くことができ、下落基調であることがわかります。次に、水平ラ
インを引きます。ここでも、反発や反落およびブレイクしている価格帯

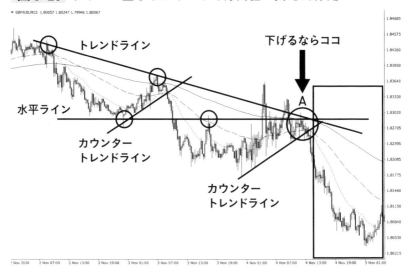

図3-26 ラインが重なるポイントで方向性が出た15分足

を見つけ、ローソク足を突っ切ってネックラインを引きます。そうすると、Aが横と斜めのラインが交わるポイントだとわかります。

　ここまでで、4時間足は上昇基調、15分足は下落基調です。方向性はバラバラなので、これだけで相場を予測することはできません。そこで、カウンターラインを引くと、Aで下抜けしたことがわかります。Aは、トレンドラインとネックラインだけでなく、カウンターラインも交わっていて、3つのラインが集中しています。2つよりも3つのほうが根拠が多いため、ひとたび方向性が出ると、壁を突破したときのように猛烈な勢いで進む可能性があります。

　今回は、カウンターラインを下抜けしたら安値を更新し、勢いよく下落していきました。4時間足と15分足が同じ方向性ならわかりやすいでしょうが、今回は方向性が逆でした。流れが一致しないときこそ、ラインを大いに活用し、値が止まるのか、それとも値が走り出すのかを、いくつものラインで観察するようにしましょう。

チャートパターンは「ダブル型」を押さえる

　チャートパターンとは、ローソク足が集まって「ある形」に見えることです。相場はランダムに動いているように見えて、高値圏や安値圏、トレンドが出はじめるときなど、ある決まった箇所で、特定の形になることがあります。細かくいうと40個や50個などのチャートパターンがあるため、多すぎて覚え切れません。また、実戦で使わないであろうものや、ほとんどあらわれないチャートパターンもあります。そこで、デイトレードで重要になるチャートパターンに絞って見ていくようにすると、十分に勝つことができます。

　デイトレードで見るべきチャートパターンは「ダブル型」です。ダブルボトムやダブルトップのことで、似たようなトリプルトップやヘッド＆ショルダーズなどもほぼ同じ見方ができます。チャート分析をしていると最も出現するパターンなので、デイトレードをやるなら必須の知識になります。ダブル型を覚えれば、チャート分析が楽になるだけでなく、他のチャートパターンにも応用できるので、ぜひ活用してください。

　図3-27は、ポンド／米ドルの1時間足です。至るところでダブルトップとダブルボトムが出ているのがわかります。**トレンドかレンジ相場かにかかわらず、値が動いて反発や反落、ブレイクをしていれば、極めて高い確率でダブル型になります。**

　Aではヘッドが2つなのでダブルトップです。重要なのは、2つのヘッドではなくネックラインです。ネックラインがあるということは、そこでブレイクや反転などの動きがあります。つまり、デイトレードに重要な「値が止まる」「値が走り出す」ポイントがネックラインということです。**ダブル型を見つけたら、ネックラインを引くようにしましょう。**Bは、ヘッドが底値圏で2つ出ているのでダブルボトムです。このように、チャートを開けばダブル型のチャートパターンはたくさん出るため、ネックラインと合わせて把握しましょう。

図3-27 ダブル型が出ているポンド／米ドルの１時間足

別の場面を見てみましょう。図3‒28は、豪ドル／円の15分足です。図3‒27は方向性がないレンジ相場でのダブル型でしたが、今回は上昇トレンドです。

A、B、C、D、Eとダブル型のチャートパターンがあります。レンジ相場のときと印象が異なりませんか？　A、B、C、D、Eは、どこか規則性があるように見えます。ダブル型が出たときはネックラインが引けるため、ネックラインを上抜けしたときに、A、B、C、Dのどれも上昇トレンドが加速して高値を更新しています。つまり、A、B、C、Dのように、**ダブル型チャートパターンとネックラインを発見すれば、トレンドフォローでは戦略が立てやすいことを意味します。**

図 **3-28** 上昇トレンド中にダブル型が出ている豪ドル／円の15分足

ダブル型はトレンドで活用する

では、ダブル型のチャートパターンで相場をイメージしてみましょう。図3-29は、米ドル／円の15分足です。Aでは、上昇、横ばい、下落の3つのうちどれがイメージできますか？　どこがダブル型になっていて、ネックラインがどこに引けるのかをチェックしてください。

　相場は下落基調です。先に、上位足にあたる図3-30の4時間足で大局をチェックしてください。4時間足は三角もち合いを下へブレイクして、15分足と同様に下落基調です。

図3-29 米ドル／円の15分足で先行きをダブル型でイメージする

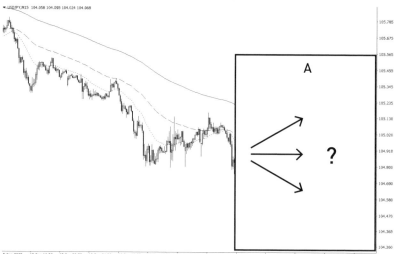

図 3-30　上位足の４時間足で大局を把握する

三角もち合いを下にブレイク

A

　結果は、図 3-31のように下落していきました。ダブル型を見つけることはできましたか？　ここではA、Bでダブル型を見つけてネックラ

図 3-31　ダブル型が形成されるには時間がかかるもの

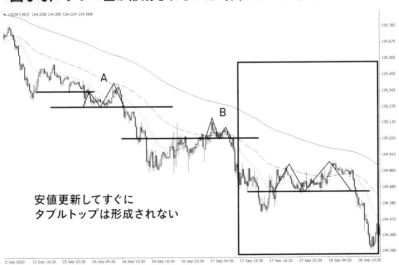

A

B

安値更新してすぐに
ダブルトップは形成されない

インを引きました。そうすると、下降トレンドラインに回帰した戻り部分であると説明がつきます。ただし、トレーダーによって見方は異なるので、これが正解のダブル型というものはありません。まっさらだったチャートが自分のイメージ通りになり、勝ちトレードになればいいのです。目的はトレードで勝つことであり、完璧なチャート分析をして相場を当てることではありません。

　なお、A、Bにあるように、ダブルトップはある程度のもみ合いがあると形成されます。下降トレンドの最中でも、小休止する場面があります。これは戻り場面なので、チャートを見ているとどっちつかずで、上下どちらにも進む可能性があります。下降トレンドが終了し、そのまま上げていくことも考えられる状態です。どちらにしても、すぐに方向性が出るのではありません。**トレンド発生後は、ある程度のもみ合いになることが多く、それがダブルトップなどのチャートパターンになります。**ですから、まさに安値を更新しているとき、すぐにダブル型が形成されることはありません。あくまでも、もみ合いのときに形成されるので、時間が必要だと考えておいてください。そうすれば、待つことができるようになります。図3-31の四角のポイントでもダブルトップができましたが、ある程度時間がかかっていることがわかります。そして、ネックラインが引けるようになってから、下へブレイクしています。ブレイクするまでに時間が必要ということです。

┃ 高値と安値は必ずチェックしておく

　このChapterでは、ラインの使い方を見てきました。最後に注意点をひとつ挙げると、「ラインをブレイクしても、必ずトレンドが出るとは限らない」ということです。

　たしかに、トレンドラインやネックラインをブレイクすると、方向性が出やすいのは間違いないでしょう。ライン付近は、売買が交錯するポイントなので、「値が止まる」「値が走り出す」ことになります。しかし、ひとたび値が走り出したとしても、すぐに反転することもあります。

　図3-32を見てください。ユーロ／豪ドルの15分足で、１日分を四角で囲っています。Aで前日の安値を下へブレイクしましたが、くるりと切り返して反転しています。さらに、Bまで当日の高値を更新しているので、強い反転の勢いです。Aで下へブレイクしたからといってショートポジションを取ると、損切りになってしまいます。しかも、損切りが遅くなればBあたりで大きな損切りをし、それから下げていくという悔しいトレードになりかねません。エントリーで失敗し、イグジットでさらに失敗すると、自信を失ってしまいそうです。このように、ブレイクが失敗すると、それまでの勢いがなくなって、一時的に反転する可能性があると常に考えておきましょう。

図 3-32 安値を更新してもすぐに反転するユーロ／豪ドルの15分足

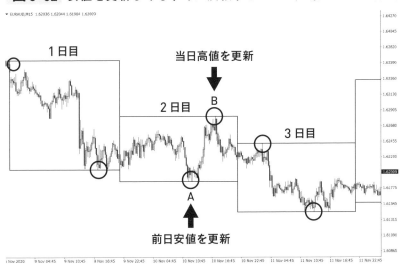

　値が止まるにしろ、走り出すにしろ、前日の高値と安値が意識されることが多くあります。ですから、**ラインを引くときは、前日の高値と安値をよく観察するようにしてください。**

　また、高値と安値の両方をバランスよくチェックします。そうすると、図3-33のようにチャネルラインが引けるなど、チャートから引き

出せる情報が多くなります。前日の安値を更新してトレンドが出ないにしても、全体としては下降トレンドが継続していますね。

・前日の高値と安値は必ずチェックする
・かといって、ブレイクしてトレンドが出るとは限らない
・ただし、全体としては同じ流れが継続している

　こうした見方ができます。ラインを引くにあたり、頭に入れておいてください。

図3-33　上げ下げの繰り返しが全体としてトレンドになる

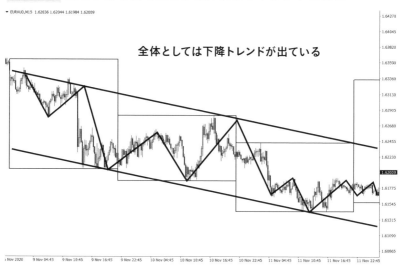

ライン分析のチャート画像の残し方

　ラインの分析をデジタルで残すときは、とにかくたくさんラインを引くことが肝心です。そして、どのラインが機能し、どれがダメな引き方だったのかをメモとして残すといいでしょう。最初からうまくラインが引けるはずはありません。意味がなかったラインもあるでしょう。1日

ではなく、何か月もラインを消しては引くことを繰り返します。機能したラインだけを残すのではなく、「こうすればよかった」と書き込むと上達するスピードが速くなります。

　また、「どこで値が止まったのか」「どこで値が走り出したのか」、これを書き込むのもおすすめです。図3−34を見てください。このチャートは、図3−28と同じ豪ドル／円の15分足です。私が画像を残すなら、横と斜めのラインを引いたうえで、次のようにトレードポイントを書き込みます。

ノートに書き記すべきポイント
① ロングするポイント
② ショートするポイント

　ラインとチャートパターンが重なり、テクニカル的な根拠がそろったときにロングをすると、勝てることがわかります。「こういうときにエントリーすればいいのか！」というパターンを、いくつも残すのです。そうすると、次に同じような場面がきたときに、本当にエントリーできるようになります。

　分析して実戦で試し、勝ちトレードになると、このうえない喜びです。**勝てる証拠を残すからこそ、実践しようと思えるのではないでしょうか。画像で残さなければ、この場面はすぐに忘れてしまいます。**そうすると、似たような場面がきても、またエントリーできずにすぎ去ってしまいます。しっかりと勝ちパターンを残していきましょう。

図3-34 どこでエントリーすれば勝てていたのかを残すことが大事

テクニカルの根拠を書く
・値が止まる
・値が走り出す

E

D

② ↓

ショートする

C

B

A

ネックライン ＋ S波動

①ロングする

急角度のトレンドライン

Chapter

インジケーターを使って
タイミングを測る

08

移動平均線は
シンプルで判断しやすい

インジケーターでチャートから最大限の情報を引き出す

　このChapterでは、インジケーターを使ったチャート分析をしていきます。ローソク足とラインだけでも深い分析ができますが、インジケーターを組み合わせることで、エントリーからイグジットのポイントを浮き彫りにすることが可能になってきます。私もローソク足とラインおよびインジケーターを組み合わせ、トレードルールを構築しています。

　インジケーターを使うメリットは、**ローソク足だけでは把握し切れない情報を、視覚的にとらえることができる点です。**チャートに表示するため、常に視覚でチェックすることができるので、見落としがありません。インジケーターを活用することで、最大限の情報をチャートから引き出し、利益に変えていきましょう。本Chapterで紹介するインジケーターは、次の6つです。

主要なインジケーター
・移動平均線
・MACD
・一目均衡表
・平均足

・RSI

・ストキャスティクス

　どれも有名なインジケーターなので、見方を知っておいて損はありません。この6つを知っておけば、他のインジケーターも抵抗なく使えるようになります。これからFXに精通するつもりなら、インジケーターには必ず触れることになるので、ここで習熟して少しでもスキルアップしておきましょう。使ってみたいインジケーターがあれば、トレードルールの一部に組み込んでください。

3本の移動平均線で流れをつかむ

　まず、最もポピュラーな移動平均線から見ていきましょう。ほとんどのトレーダーが使っているインジケーターなので、正しい見方を絶対に覚えておくことが肝要です。私も毎日使っていますが、複雑でなくとてもシンプルです。それなのに、トレードに直結する有利な情報をたくさん教えてくれます。

　図4-01は、メタトレーダーで移動平均線を設定する画面です。なお、本Chapterでは、インジケーターはすべてメタトレーダー4（以下MT4）で設定をしていきます。みなさんは、すでにお使いのチャートソフトがあればそれで構いません。ただ、インジケーターを徹底的に使い倒して検証するなら、MT4が一番おすすめです。私は、MT4以外は使わないというほど気に入っています。とにかくインジケーターの数が豊富で、チャート上にいくつも設定することができます。国内業者のチャートソフトだと、設定が限定されているものがあるので注意しましょう。特に決めているチャートソフトがなければ、一度MT4を使ってみてください。おすすめの業者は、無料で口座開設でき、MT4が使えるJFXです。

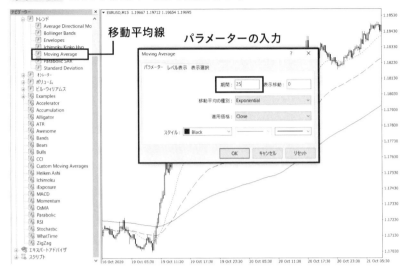

図 4-01 MT4で移動平均線の設定をする

移動平均線は、次の2つが自由に設定できます。

・**移動平均の期間**
・**移動平均線の数**

　この2つは、これから検証しながら自由に設定してください。ここでは、私がデイトレードの手法で使っている設定で見ていきます。

　図4-02のように、3本の移動平均線で、期間はA、B、Cの順に「25、75、200」にしています。なぜかというと、短期、中期、長期の3つを見るためです。移動平均線でわかることは、相場の流れです。図4-02をパッと見て、移動平均線の傾きをチェックしてください。上向きか下向きか、それとも横ばいでしょうか？　3本とも上向きですね。ですから、上昇トレンドです。ローソク足も、押し目をつけながらぐんぐん高値と安値を切り上げています。**上昇トレンドを把握するために、ローソク足ではなく、移動平均線だけでもわかるということです。**むしろ、線で見たほうがわかりやすいかもしれません。

図 4-02　３本の移動平均線を表示したユーロ／米ドルの15分足

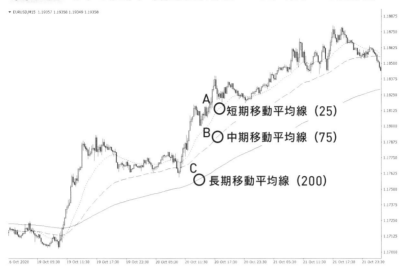

A ○短期移動平均線（25）

B ○中期移動平均線（75）

C ○長期移動平均線（200）

　そして、移動平均線に沿ってトレンドラインを引くと、さらに流れがわかります。図 4-03を見てください。

図 4-03　200EMAに沿ってラインを引くと長期の流れがわかる

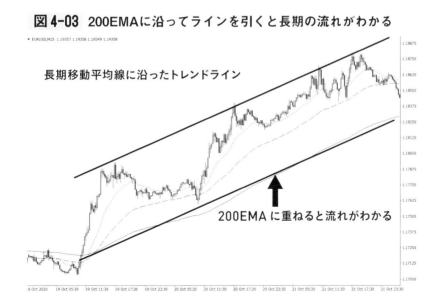

長期移動平均線に沿ったトレンドライン

200EMA に重ねると流れがわかる

200EMA（＝200移動平均線）に沿って引きましたが、これだけでトレンドがわかるので視覚的に楽ですね。同じ角度でアウトラインを引けばチャネルラインになります。ローソク足を詳しく見ることもなく、移動平均線に沿って引くだけです。これは200EMAに沿って引いたので、長期の流れです。

　では、短期の流れはどのようなラインを引けばいいでしょうか？　それは、25EMA（＝25移動平均線）に沿って引きます。図4‑04を見てください。①から⑥のラインがありますが、すべて25EMAに沿って引いています。コツは、25EMAが直線になっている箇所にラインを合わせることです。

　ちなみに、このトレンドの中期の流れを見るには、どのようにラインを引けばいいでしょうか？　もうおわかりですね。75EMAに沿って引きます。図4‑05を見てください。75EMAが直線になっている箇所にラインを引くだけなので、難しいことはありません。

　25EMAよりも75EMAのほうがラインの数は少なく、200EMAだとさらに少なくなります。短期移動平均線は、目先の動きに敏感に反応するため、上に傾いたり下へ向いたり、頻繁に流れが変わります。75EMAだとトレンドとレンジの入れ替わりのときくらいでしょう。押し目をつけると75EMAが下向きになり、上昇トレンドに回帰すると上向きになる程度です。200EMAだと、全体のトレンドを示すため、トレンドが終わるまで1本のラインになります。このように、**移動平均線に沿ってラインを引くだけで、ローソク足だけではとらえ切れない相場の流れをつかむことができます。**前Chapterのラインと合わせ、引き出しのひとつにしてください。

図 **4-04** 25EMAに沿ってラインを引いたユーロ／米ドルの15分足

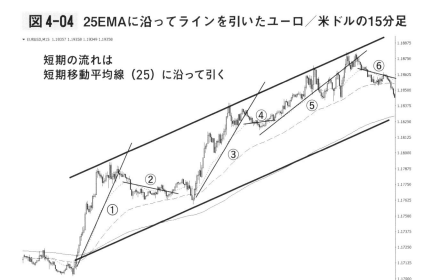

短期の流れは
短期移動平均線（25）に沿って引く

図 **4-05** 75EMAに沿ってラインを引いたユーロ／米ドルの15分足

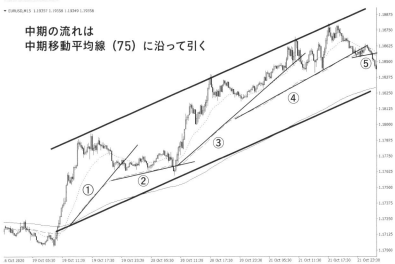

中期の流れは
中期移動平均線（75）に沿って引く

「パーフェクトオーダー」はトレンド発生の典型

「パーフェクトオーダー」は、ローソク足と移動平均線が順番に並んだ状態のことです。期間が短い移動平均線ほど、目先の値動きに敏感に反応します。ですから、上昇トレンドが出ると、ローソク足を先頭に、移動平均線は上から「短期→中期→長期」の順番になります。

図4-06を見てください。ユーロ／米ドルの15分足で、上昇トレンドが出ています。上から、「ローソク足→25EMA→75EMA→200EMA」の順番です。これがパーフェクトオーダーで、トレンドが出ているときの典型的な移動平均線のパターンです。パーフェクトオーダーが出たときはトレンドに乗るチャンスです。ローソク足と一緒に観察できるので、視覚的に見やすくて見落としがなくなります。

では、どのようなときにエントリーできるのか。図4-07を見てみましょう。AとBは、押し目をつけた場面です。それまで25EMAよりも上にあったローソク足が、ここでは25EMAよりも下にきました。そうすると、次はさらに下げるか、それとも再び上昇してパーフェクトオーダーに回帰するかのどちらかです。ローソク足と移動平均線だけではわからないので、ラインを組み合わせてみます。ネックラインを引くと、値が止まっているのがわかります。値が止まり、**ローソク足が移動平均線に挟まれたあと、パーフェクトオーダーに回帰したとき、方向性が決まったといえます。**AやBのような場面から上昇しはじめたら、買いポジションを持ってトレンドフォローするチャンスです。このように、ネックラインを引けば確度の高いトレードをすることができます。

なお、下降トレンドのときは上記と逆で、移動平均線が上から「長期→中期→短期」の順で、ローソク足がその下になった状態をパーフェクトオーダーといいます。

図4-06 パーフェクトオーダーはローソク足と移動平均線が並ぶ

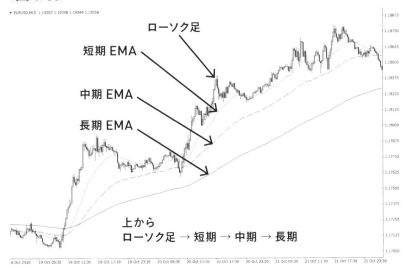

ローソク足

短期 EMA

中期 EMA

長期 EMA

上から
ローソク足 → 短期 → 中期 → 長期

図4-07 ラインで反発してからパーフェクトオーダーに回帰

ネックラインで反発
パーフェクトオーダーに回帰

A

B

移動平均線とラインを組み合わせる

　では、移動平均線とラインを組み合わせて考えてみましょう。図4-08は、ポンド／ニュージーランドドルの15分足です。ビギナーには抵抗がある通貨ペアかもしれませんが、デイトレードではどの通貨ペアでも見方は同じです。逆に、ポジションのホールドが数時間単位のデイトレードでは、ある通貨ペアには通用するけれど他の通貨ペアには機能しない、というのはあまりよくありません。本来、テクニカル分析はマーケット全体に機能するものなので、特定の場面や通貨ペアしか使えないと、いずれ通用しなくなる時期がくるかもしれません。トレンドの発生や押し目のつけ方、意識される価格帯など、どの通貨ペアも見方は同じと考えてください。ボラティリティや、動く時間帯などは通貨によって異なりますが、値動きの仕組みは同じです。

図4-08 15分足に移動平均線を表示して先行きをイメージする

　図4-08に戻りましょう。Aの箇所で、上昇、横ばい、下落の3つのうち、どの可能性が高いかイメージしてみます。移動平均線はパーフェ

クトオーダーで、ゆるやかな下降トレンドですが、Aの直前でもみ合っています。15分足だけでは判断できないので、図4-09の4時間足を先に見て、大局を把握してください。4時間足と15分足のAが、同じ箇所です。

図4-09 上位足の4時間足で大局を把握する

4時間足は下降トレンド

4時間足は下降トレンドなので、15分足と方向性は同じです。どこかでスイッチが入れば、下降トレンドに回帰していく可能性が考えられますね。スイッチが入るポイントは、値が止まってから走り出すタイミングです。ラインを引いたのが、図4-10です。横と斜めの2種類のラインを引きました。大きなポイントは、やはりネッククラインです。Aでダブルトップをつけてからネッククラインを下抜けし、さらにカウンターラインが引けます。さらに、Bあたりではローソク足と移動平均線がもみ合っています。もみ合いの結果、**パーフェクトオーダーに回帰し、カウンターラインを下抜けしたので、移動平均線の流れと同じ方向へ走り出すイメージができればいいでしょう。**

移動平均線とラインで、エントリーするまでの流れを細かく説明でき

るようになってください。まずは、過去のチャートで分析することが大事です。そうすれば、未来のチャートでもイメージできるようになります。

図4-10　移動平均線と2種類のラインで相場をイメージする

MACDで
トレンドの出はじめを
とらえる

順張りで視覚的に使用する

MACD（マックディー）は、移動平均を応用したインジケーターです。移動平均線は、ローソク足とからめて使います。MACDは、図4-11のようにチャートの下部に表示します。パラメーターは、最初はそ

図4-11 MACDは移動平均を応用したインジケーター

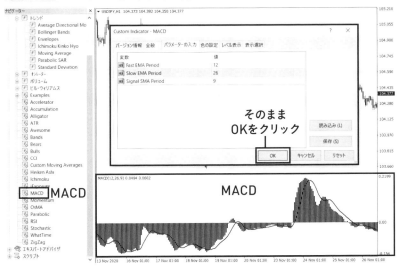

のまま使うといいでしょう。

　MACDは、価格が上昇すると同じように上がり、価格が下落するとMACDも下がります。図4-12のA、Bのように、売られすぎや買われすぎを測るインジケーターです。売られすぎたら、次は上げることを予想して買いポジションを持つのがメジャーな使い方です。しかし、これはトレンドに反することになり、いつも逆張りで使っているとAのように反転しないことがあります。インジケーターを使ったとしても相場で天底をつかむのは難しいのです。

　そこで、順張りで使ってみましょう。図4-12のCを見てください。A、Bと違って、売られすぎ、買われすぎの真んなかにあります。ここを「ゼロレベルライン」といい、売りと買いが偏ることなく、バランスが取れた状態です。もしトレンドが発生すると、上下どちらかの方向に偏るため、ゼロレベルラインから離れていきます。チャートはCから下落し、MACDも同じように下落していますね。そこで、ゼロレベルラインから動き出した方向へポジションを取れば、トレンドフォローができます。

図4-12　MACDはゼロレベルラインを中心に上下する

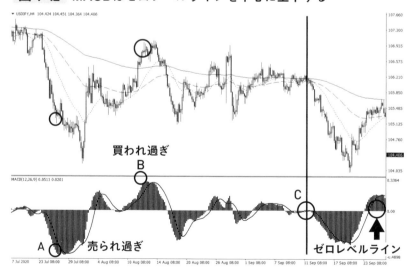

では、ラインと組み合わせてみます。図4-13ではチャートにライン
を引きました。Cは三角もち合いを下にブレイクする場面でした。移動
平均線もパーフェクトオーダーなので、下へ走り出すポイントといえま
す。ローソク足と移動平均線にラインを引くだけでなく、MACDも組
み合わせると、違う根拠が見つかります。

図4-13 ライン分析とMACDを組み合わせた米ドル／円の4時間足

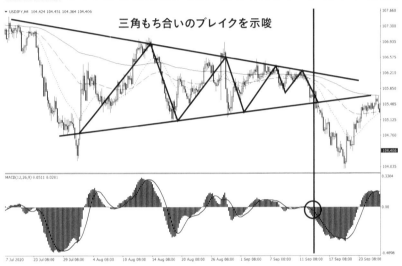

次に、具体的にどうトレードしたらいいか、下位足の１時間足を見てみましょう。図４-14です。MACDを見ると、４時間足のＣの部分は、１時間足ではすでに売られすぎ圏にあることがわかります。ですから、ネックラインを下にブレイクしたからといって、すぐにショートするのは難しいかもしれません。迷ったときは様子見をするのが一番です。１時間足では、待っていればAでチャンスが到来します。ネックラインがあるため、Ｓ波動が出るかどうかのポイントに差しかかりました。

図4-14 ４時間足を下位足の１時間足で分析する

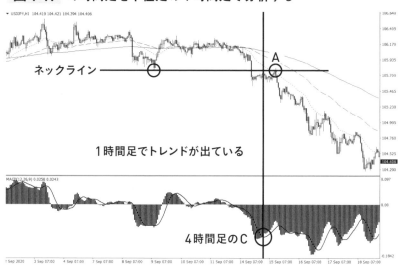

さらに詳しく、15分足でエントリータイミングを測ってみます。図４-15が15分足で、４時間足のＣに縦ラインを引いています。この縦のラインより右側のどこでエントリーができそうですか？　ラインを引いて、イメージしてください。移動平均線の傾きにも着目しましょう。

図４-16を見てください。まず、移動平均線がパーフェクトオーダーなので、移動平均線に沿ったラインを引くといいでしょう。３本とも同

図4-15　エントリータイミングを測るために下位足をチェックする

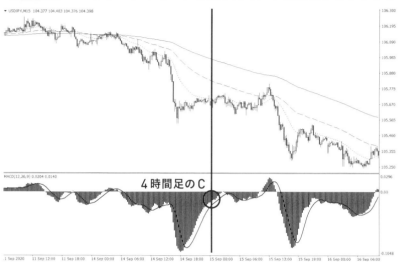

４時間足のC

図4-16　上位足の流れに沿って15分足でタイミングを測る

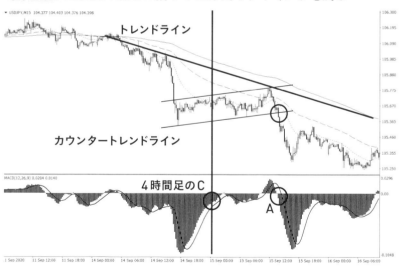

トレンドライン

カウンタートレンドライン

４時間足のC

A

じような角度なので引きやすいですね。200EMAに沿って引くと、ト
レンドラインの高値側の起点とも合います。エントリータイミングを測

るときはカウンターラインを引くのがおすすめですが、今回は引ける起点がひとつしかないので、角度を取るのが難しいです。そのため、小さな上昇チャネルラインを引くイメージで考えてみます。このカウンターラインを下抜けしたとき、MACDがゼロレベルラインから下に動き出し、移動平均線もパーフェクトオーダーに回帰したので、エントリーすることができます。

　前提として、上位足の1時間足と4時間足を分析していた点が重要です。いきなり15分足を見ても、MACDのAだけでエントリーの判断はできません。また、4時間足のMACDだけでも判断できませんでした。重要なことは、**上位足から下位足までチャートを分析し、下位足はタイミングを測るだけにすること**です。ひとつの時間軸でトレードを完結させることはできません。どのインジケーターを使ったとしても、マルチタイムフレームの視点は忘れないようにしてください。

一目均衡表で
売りと買いの
バランスを見る

雲を中心にしてローソク足の動きで判断する

一目均衡表（いちもくきんこうひょう）は、過去、現在、未来といった時間的要素を取り入れたインジケーターです。売りと買いのバランスが崩れたほうに動く、という考えがベースです。

図4-17 **一目均衡表は時間的要素を取り入れたインジケーター**

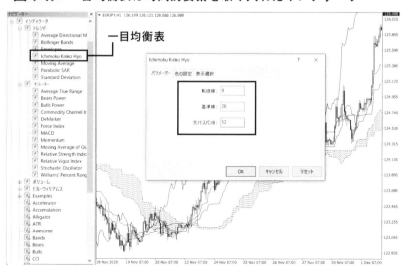

均衡が崩れれば相場が動くのは一目瞭然であることから、「一目均衡表」と名づけられています。均衡を見ることで、売買ポイントがわかるというわけです。図4-17で一目均衡表を設定しますが、パラメーターはいじらずにそのまま使うといいでしょう。

一目均衡表を設定したチャートが、図4-18です。おすすめの使い方は、「ローソク足が雲よりも上か下か」というものです。パラメーターでは、①に雲（上限および下限）とあります。このままOKをクリックすると、チャート上の①に雲が表示されるため、ここに着目してください。一目均衡表は線がたくさんあるので、少し複雑です。まずは、ローソク足が雲の上か下かをチェックするのがシンプルでおすすめです。

図4-18 一目均衡表を設定したユーロ／円の1時間足

図4-19 ローソク足が雲より上なら買い、下なら売りが強い

▼ EURJPY,H1 126.109 126.121 126.083 126.084

雲の中はもみ合い → 雲を出るまで待つ

図4-19は、同じユーロ／円の1時間足です。A、B、Cは、すべて
ローソク足が雲のなかにあります。雲のなかにあるときは均衡がとれた
状態で、レンジ状態と考えればいいでしょう。そして、均衡が崩れる
と、たとえばAだと雲から下に出て、売りの圧力が強くなります。Bの
あとは雲を上に突き抜けたので、上昇トレンドです。Cで一時的にもみ
合って押し目となり、そのあと雲を上抜けして上昇トレンドに回帰して
いきました。

このように、**雲を中心にし、ローソク足が雲より上に行けば買いが強
く、下に行けば売りが強いということです。**雲のなかにいるときは、方
向感がないもみ合いです。

そしてエントリータイミングを測るには、一目均衡表だけでなく、他
のインジケーターと組み合わせるといいでしょう。図4-20は、一目均
衡表とMACDを表示しています。Aではダブルボトムでネックライン
が引けます。ダブルボトムのとき、移動平均線では雲のなかです。売り
も買いも均衡がとれた状態で、もみ合いといえるでしょう。そして、
ネックラインを上抜けすると同時に、一目均衡表も雲を上抜けしていま

す。また、MACDはゼロレベルラインから上昇に転じました。こうなると、Aでは「上昇、横ばい、下落」のうち可能性が高そうなのは「上昇」です。いくつもの上昇する根拠がそろっているからです。

「ダブルボトムだけ」「一目均衡表だけ」だと根拠が弱く、またMACD単体でも機能するかわかりません。しかし、**違う分析ツールを組み合わせ、同じ方向を示唆した場合は、確度が高くなります。**Aのようなポイントで、買いポジションを持つといいでしょう。Aでポジションを取れなくても、そのあともチャンスはあります。

　図4-21を見てください。同じユーロ／円の15分足です。Bの手前では、雲に入らずに、雲がサポート帯になりました。上昇の勢いが強いと、雲よりもローソク足がかなり上を走るため、押し目をつけたときも雲に入らずに上げていきます。雲に入る前に買い注文が殺到するからです。MACDを見ると、ゼロレベルラインから上昇するタイミングですね。ですから、Bあたりで買いポジションを持つのもいいでしょう。

図4-20 インジケーターを組み合わせて根拠が重なる

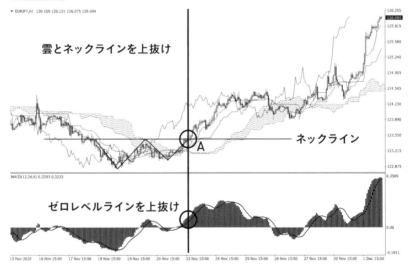

図 4-21　1時間足を15分足で観察してチャンスを拾う

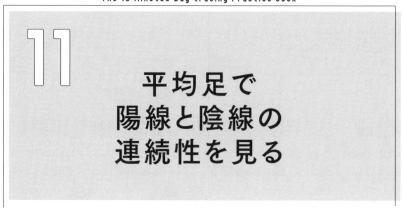

11

平均足で
陽線と陰線の
連続性を見る

パッと見ただけでトレンドがわかる

　これまで見たインジケーターは、どれもローソク足と組み合わせて使いました。ローソク足と移動平均線、ローソク足とMACDのようにです。「平均足」はローソク足の代わりなので、ローソク足はいっさい使

図 4-22　ローソク足の代わりになる平均足を設定する

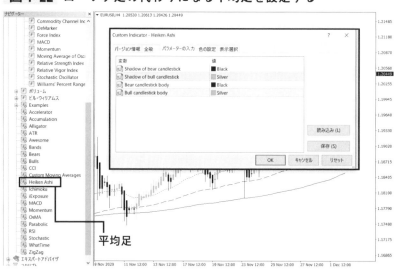

いません。チャートからローソク足を消すことになるので、はじめて使う方は驚くかもしれません。

図4-22で平均足を設定します。パラメーターは、足の色を設定するだけです。色を決めたらOKをクリックします。ローソク足と同様、「陽線と陰線」になります。本書では、陽線をグレーに、陰線をブラックにしました。

では、デイトレードでどのように使えるのか、見ていきます。平均足を使うには、その算出方法を知っておいたほうがいいでしょう。ローソク足と同じく、実体とヒゲがあり「始値、高値、安値、終値」の4つで構成されます。高値と安値はローソク足と同じ算出方法で、始値と終値がローソク足と異なります。

平均足の4本値の計算方法
・始値：1本前の足の（始値＋終値）÷2
・高値：当日の高値
・安値：当日の安値
・終値：現在の足の（始値＋高値＋安値＋終値）÷4

平均足で一番シンプルな使い方は、**陽線と陰線の連続性をチェックする**ことです。ひとたびトレンドが出ると、その算出方法の特徴から、同じ色の平均足が続きます。図4-23を見てください。ユーロ／米ドルの4時間足です。移動平均線はパーフェクトオーダーで、平均足も上昇しているので、上昇トレンドです。上昇している部分を見ると、陽線が連続していることがわかります。ローソク足だと途中で陰線になっている箇所でも、平均足だとなかなか陰線になりません。なぜかというと、始値より終値が安くても、高値と安値の切り上げ方が大きいと陽線になるからです。詳しくは前述の算出方法で実際に計算してみるとわかります。**平均足では、（上昇トレンドだと）安値を大きく切り下げない限り、多少の揺り戻しでは陰線にならないのです。**ですから、陽線が連続

している限りは、上昇トレンドが継続していると判断できます。パッと見ただけでトレンドがわかるのが、平均足のメリットです。

　そして、A、Bのように、しっかりと押し目をつけたときに陰線になります。陽線が連続し、そのあとに陰線が出ると、押し目ではないかと注意できます。あとは、下位足で詳しいチャート分析をし、タイミングを測って買いポジションを持てば、デイトレードをすることができます。

図4-23 平均足で陽線と陰線の連続性が顕著になる

上昇トレンドは陽線が連続

押し目は陰線になる

A

B

　では、どのタイミングでデイトレードができるのか、下位足の30分足を見てみましょう。図4-24です。なお、この30分足は平均足ではなく、ローソク足を使っています。平均足を使うときは、長い時間軸で使ったほうが精度が高いからです。4時間足含め、これより上の日足や週足です。4時間足より短い1時間足以下の時間軸だと、陽線と陰線の連続性がわかりやすいとはいえ、連続性があまり出ず、陽線と陰線が頻繁に入れ替わります。そのため私は、4時間足より長い時間軸で平均足を使っています。4時間の平均足でトレンドをチェックし、下位足は

ローソク足で通常通りチャート分析をするイメージです。

　では、図4-24のA、Bを見てください。ここは、図4-23のA、Bと同じポイントです。4時間足で陰線が出たA、Bは、30分足ではしっかり押し目になっています。ローソク足が200EMAまで下げ、パーフェクトオーダーが解消されています。A、Bで押したあとは、カウンターラインをブレイクして上昇トレンドに回帰していきました。4時間足ではカウンターラインは引けないため、エントリータイミングは下位足で測るようにします。マルチタイムフレームの観点から、上位足と下位足はセットで分析しますが、このように上位足を平均足にする方法もあるので、試してみてください。

図4-24　エントリータイミングは下位足で測る

12

RSIと
ストキャスティクスで
相場の行きすぎを測る

買われすぎや売られすぎを判断する

RSIとストキャスティクスは、オシレーター系といわれる似たインジケーターなので、同時に見ていきます。パラメーターの設定は図4-25です。他のインジケーターと同様、数値は変えずにそのままOKをクリックしてチャートに表示してください。

図4-26のように、チャートの下部に表示されます。Aを見るとわかりますが、RSIとストキャスティクスは、0から100の間で推移します。価格が上昇するとインジケーターも上昇し、下落するとインジケーターも下げます。これで何がわかるかというと、「買われすぎ」や「売られすぎ」です。図4-27を見てください。どちらのインジケーターも20と80にラインを引いていますが、Aでは20を下回ったので売られすぎ、Bは80を上回ったので買われすぎといえます。

これが、RSIかストキャスティクス単体だと、信頼度は低いです。RSIが80を上回ったら必ず反転するかというと、そうはいかないわけです。そのまま80を上回ったまま張りつくこともあります。しかし、2つのインジケーターが同時に売られすぎ圏（買われすぎ圏）にきていると、より信頼度は上がります。テクニカル分析は、ひとつより2つ、2つより3つの根拠が重なるほうが、確度が上がることはこれまでに見て

きた通りです。

図4-25 オシレーター系のRSIとストキャスティクス

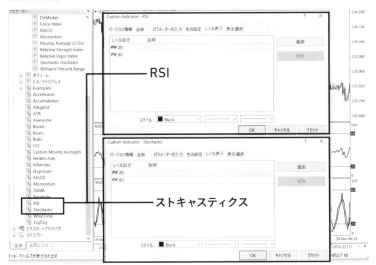

図4-26 RSIとストキャスティクスを表示した米ドル／円の15分足

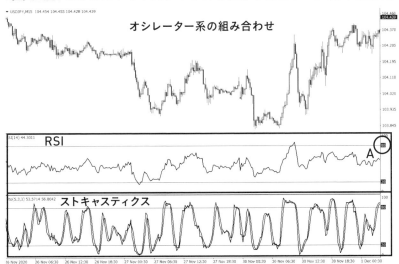

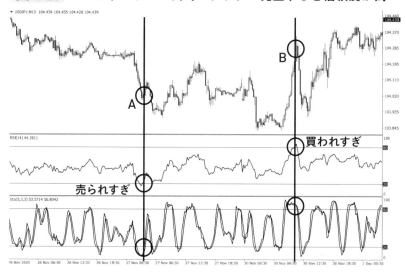

図 4-27 インジケーターが同時にシグナル発生すると信頼度が高い

　売られすぎや買われすぎは、そのまま逆張りで使うと痛い目にあいます。上位足と下位足を組み合わせ、総合的に判断しましょう。たとえば、4時間足で下降トレンドのとき、15分足が買われすぎ圏にあるとします。一見すると、15分足では逆張りになりますが、4時間足では絶好の戻り売りのポイントかもしれません。この場合は売りポジションを持てば順張りで使ったことになりますね。このように、ひとつの時間軸だけで判断するのではなく、いろいろな視点で検証してみてください。

インジケーター使用時のチャート画像の残し方

　インジケーターを活用したチャート分析をデジタルで残す場合、インジケーターが機能している部分だけ記録するのではなく、機能していない箇所も保存しておくことが重要です。インジケーターだと視覚的に判断できてしまうため、ラインを引くなどの作業がありません。そのため、**インジケーターに頼りすぎてしまい、ローソク足の分析がおろそか**

になりがちだからです。勝てる場面だけ抽出して残すと、自分で考える
スキルがつかず、あまり上達しません。また、どんなときに機能しない
のか覚えようとしないので、いざやってみると全然使い物にならないな
ど、イメージ通りにいかないことがあるので、注意が必要です。そうな
らないよう、ラインを引くなどして、ローソク足の分析とインジケー
ターを組み合わせ、根拠が重なったポイントを残すようにしましょう。
もしくは、RSIとストキャスティクスなど、2つ以上のインジケーター
でシグナルが重なったときに機能したか否かを残します。

　そして、インジケーターをデジタルで残すときは、長い時間軸から
使ってみるのがおすすめです。インジケーターは、往々にして1時間足
より短い下位足はシグナルが多く出るのですが、ダマシも多く、精度は
低くなります。逆に、4時間足より長い時間軸だと、シグナルの数は減
りますが精度は高まります。最初から下位足だけを検証すると、ダマシ
が多くて負ける場面が多く、ルールを作るうえで混乱します。また、シ
グナルが発生したときに上位足がどんな環境だったのかを残す必要があ
り、手間がかかります。それよりも、**最初から上位足を検証すれば
チャート1枚ですみますし、シグナルの数は少ないものの勝ちパターン
が多くなるので、ルールは作りやすくなるのです。**

　まず上位足を検証し、さらにエントリータイミングを測るために下位
足を分析するといいでしょう。逆に、下位足から検証してから上位足を
見ていくと、実は大局は逆のトレンドだった、なんてこともあります。
森を把握したうえで木を見れば、森という全体はわかっているので、細
かい修正はいくらでも可能です。それは、今どこにいるのかがわかって
いるからです。しかし、森を知らないままいくら小さな木を見てトレー
ドプランを作っても、そのあと森全体を見たとき、最初からプランを練
り直す必要が出てきます。ですから、視覚的に便利なインジケーターを
使うとき、特にオシレーター系のチャート下部に表示するものは、見て
いる時間軸で勝てそうな場面だけを探さないように注意してください。

Chapter

デイトレードの
ルールを強固にする
資金管理と思考法

13 資金管理はテクニカルと同じくらい大切なもの

トレードで退場する人の要因はトレードルールではない

　ここまで、相場の仕組みやチャートの読み方、インジケーターの基本的な使い方などを見てきました。どれもテクニカル分析には欠かせない重要な知識です。これからのトレードにおいて、エントリーポイントを見つけるために大いに役立つはずです。ここまではいわば基礎編でした。ここからは、上級者になるために必要なことを説明していきます。

　デイトレードで勝つには、「資金管理」や「投資思考」も大切です。また、時間帯ごとの特徴や、テクニカルでは説明できないものの、相場の法則として「総じてそうなりやすいもの」もあります。本Chapterでしっかりインプットすれば、強固なトレードルールを作る糸口が見つかるはずです。順番に見ていきましょう。

　繰り返しますが、デイトレードで勝つには、トレードルールを自分で構築する必要があります。最初から勝てるルールを作るのではなく、まずは何でもいいので決めごとをし、それを検証して改善していく作業が必要です。このプロセスで、勝つ人もいれば、残念ながらルールを作る前にあきらめてやめてしまうトレーダーもいるでしょう。だからこそ、トレードルールは、デイトレードで勝つための中枢であり、いいルール

ができれば勝てる確率は格段に上がります。

　大きく負けずにコツコツと作業を続けていけば、デイトレードはある程度勝てるようになります。センスや感覚の問題ではなく、生まれつきの素質も関係ありません。誰しもきちんと取り組めば勝てるようになれます。その先の、何億も稼ぐかどうかは、別問題です。億単位で稼ごうとすると、相応のリスクがあるため、リスクを取りたくないトレーダーはそこまでしなくていいでしょう。ただ、ビギナーを抜け出して勝てるようになるには、ルールの構築から取り組んでみてください。

　そして、ルールを作る前に、大損して退場する人も少なからず存在します。短期間で退場するトレーダーには、次の2つの共通点が挙げられます。

短期間で退場するトレーダーの特徴
・大きすぎるロット
・損切りをしない

「とにかくすぐにでも稼ぎたい」と望むトレーダーは、短期間で稼ごうとする傾向が極めて高いです。そうすると、小さいロットでちまちまと売買しているのがつまらないのでしょう。大きなロットで、大きく稼ぐことにフォーカスします。後先をかえりみずトレードすることが多くなり、負けることを想定しません。その結果、含み損になったとき、損切りをしないのです。損切りしないどころか、ナンピンをしてさらにリスクを取ろうとします。挙げ句、1回の損切りで致命傷を負い、退場してしまうのです。

　実は、このように退場するトレーダーの敗因は、「トレードルールではなく資金管理の問題」であることがほとんどです。最初から勝てるトレードルールなどはないので、ルールは関係ありません。大きすぎるロットで、損切りをしないから、すぐに大損するわけです。なかには、運よく勝ちはじめるトレーダーもいるでしょう。しかし、負けた経験が

ないため、資金が増えるに従ってロットがさらに大きくなり、いずれ大損してしまうのです。なぜなら、大損するまでトレードするからです。大損した経験がないため、自分に起こりうることだと思えないので、大損するまでやってしまうのです。ですから、大きすぎるロットで損切りができないと、遅かれ早かれ退場するのです。ビギナーがトレードで退場する原因は、ルールではなく資金管理が原因です。これを頭に入れておいてください。

　逆に、小ロットにして損切りをしっかり行なっていれば、退場することはまずありません。損切りが多ければ、資金は少し減るかもしれませんが、致命傷を負わなければ検証と改善はできます。メンタルを崩さず、FXに取り組める態勢を作ることが大事です。大損してイライラしていては、検証する気にもなれません。少ない損ですませておき、良好なメンタルと高いモチベーションをキープしていれば、いずれスキルが追いついてきて、勝てるようになります。あとは、損益率を意識した損小利大のルールを作るだけです。また、ルールは日々改善していくので、勝てるようになる確率は日に日に高まります。トレードルールも大事ですが、資金管理もしっかり考えておきましょう。

┃OCO注文で大損を防ぎ、利益追求にフォーカスする

　「OCO」は注文方法のひとつです。「One Cancels the Other」の略で、「2つの注文を同時に出す方法」と考えてください。私がデイトレードで頻繁に使うのが、このOCOです。
　OCOは、新規注文と決済注文の両方で使えます。おすすめは、決済のときにOCOを使うことです。理由は、絶対にやってはいけない大損をOCOで防ぐことができるからです。ポジションを持ったとき、数時間から、ときには翌日まで持ち越すこともあります。エントリーしてからずっと画面の前でチャートを見張っているわけにはいきません。数秒から数分単位のスキャルピングなら可能ですが、デイトレードだとそう

はいきません。ポジションのホールド中に、食事や入浴をすませなければならないこともあります。また、ポジションを持ったあと、見張っていること以外にやることがなければ、外出することもあります。

　このように、ポジションのホールド中にチャートを離れる場面はたくさんあります。そんなとき、**指値（利益確定の予約注文）と逆指値（損切りの予約注文）を同時に入れておけるのがOCO注文です。**仮に利益確定のポイントまで到達すれば指値にかかり、損切りポイントにきたら逆指値にかかります。ポジションを持ったあと、利益確定と損切りの価格を同時に入れておくのです。こうすれば、相場の急変時に含み損が急激に拡大することなく、損切りが実行されます。画面を見ていないとき、相場が急変して思わぬ含み益が出ていればうれしいですね。しかし、いつもそうなるとは限りません。逆に行く場合もあるため、毎回ポジションを放置していれば、そのうち大損するのは明らかです。

　デイトレードで絶対に防がなければならないのが、この大損です。必ずOCO注文を入れ、想定以上に損失が拡大しないようにしましょう。そうすれば、1発で退場することがなくなります。逆指値にかかっていると残念ですが、画面を見張っていたとしても損切りしているので、結果は同じです。むしろ、チャートを見ていたら冷静さを欠いて、損切りできずにナンピンしていたかもしれませんし、損切りを遅くして損失拡大していたかもしれません。「見ていないときに損失拡大を防いでくれるもの」と考えるようにしてください。

　ちなみに私がデイトレードするとき、エントリーは必ず成行注文です。チャートを見ながら、タイミングを測ってその場でクリックして注文を出します。指値で新規のエントリーはしません。目で見てエントリーします。そして、イグジットでOCOを活用します。チャートを見ているときは成行でイグジットするのが基本です。離席するときには必ずOCOを入れます。トレードをしているときでも、含み益が出てあとは待つだけというときは、OCOを入れて他の通貨ペアのチャート分析をすることもあります。まとめると、次の通りです。

私の注文方法

・エントリー＝成行注文
・イグジット＝成行注文 or OCO 注文

　しっかりOCOを使えば、大損することはまずありませんから、使わない手はないでしょう。大損することがなければ、あとは損益率のいいトレードを意識し、ルールを改善していくのみです。デイトレードは、ポジションを取るまでのプロセスが大切です。**ポジションを持ってからあたふたするのではなく、エントリーしたらOCOを入れてじっくり待つ。このような姿勢でトレードしてください。**いつ損するかわからない不安を抱えるのではなく、指値にかかるのを楽しみにできるといいですね。

ポジションを育てる感覚を持とう

　デイトレードでは、利益確定するまでにかなりの損益変動があります。これからルール作りをするにあたり、その心構えが必要です。エントリーしてすぐに含み損になれば、そこまで変動せずに損切りをすることになります。含み損になるということは、すでに逆行していて判断が間違っていたからです。一方、利益確定をする場合は、すぐに目標のポイントまで到達することはありません。数時間などの時間が必要です。それは、損切り幅よりも利幅のほうが広いからです。

　たとえば、＋50pipsの利益確定をするとします。エントリーしたあとは含み損益は±0pipsなので、＋5pips、＋10pipsと少しずつ含み益は増えていきます。経済指標や突発的なニュースでも出ない限り、エントリー直後にいきなり＋30pipsや＋50pipsにはなりません。現実には、エントリーしたあとは一進一退が続き、数十分すると＋10pips前後の含み益が出たと思ったら、また±0に戻るなど、もどかしい展開が最初は続きます。＋30pipsくらいになっても、また＋10pipsまで減るなどしま

す。

　ポジションのホールドが数時間になると、これは当たり前です。ス
キャルピングのように、利益が乗ったら数秒や数分で利益確定をすれ
ば、利益が大きく減ることはないでしょう。たとえ減ったとしても数
pipsです。デイトレードでは、せっかく何時間も耐えてきたのに、結局
損切りで終わることも多々あります。ポジションの保有時間が長いほど
損益の変動は大きく、利益確定のポイントに到達するまでに数字は常時
変わります。ですから、いつも含み損益の数字ばかり気にしていると、
精神的によくありません。含み益だとしても、「このあとマイナスに転
じるのではないか」と不安になります。含み損だと、「このまま損切り
になったらどうしよう」と不安になります。つまり、含み損だけでなく
含み益のときでさえ、胸が締めつけられるような思いをすることになり
ます。これでは、ポジションを持つたびにストレスがかかり、メンタル
が崩れるのは明らかです。

　デイトレードをやるうえで、これではいけません。**利益が乗るには時
間がかかるものであり、利益確定するまで損益変動があるのは当然で
す。**それが相場の仕組みというもので、ポジションを長く持つために必
要な心構えだと考えてください。

　ポジションを持ったときは、それを「育てる」という感覚を持つとい
いかもしれません。いいときや悪いときがありながらも、最終的には利
益確定に到達するのが目的です。自分が早く育てたいと思っても、やは
り時間が必要です。気持ちが焦っても仕方がありません。利益が乗った
ら、利益確定までじっくり待つ姿勢が必要です。いいところまでいって
も、途中で脱落してしまうポジションもあるでしょう。目標まで到達で
きるポジションは、そんなに多くありません。すべてのポジションを
ゴールさせることはできません。ですから、脱落しても次のチャンスが
来るまで待ち、焦らないことです。いいポジションが持てたら、期待し
すぎず、OCO注文を入れて見守りましょう。ポジションをゴールまで
導くことができるかどうかは、エントリーするまでの事前準備にかかっ

ています。適当にエントリーをすればすぐに脱落しますし、準備不足な
のでどうでもよくなるなど、投げやりになるのではないでしょうか。
しっかりとチャート分析をし、いくつものテクニカル根拠を見つけてエ
ントリーした自信があるポジションは、見守りがいがあります。脱落し
たら、なぜダメなのだろうか、どうすればよかったのかをきちんと考え
ましょう。

　このように、ポジションを「育てる」という感覚を持ってみてくださ
い。利益が乗ってすくすくと育ちはじめると、このうえない喜びです。
そのポジションが利益確定というゴールまで到達したときは、うれしく
てたまりません。同じようなトレードをしようと思い、さらにモチベー
ションが上がるはずです。また、適当にエントリーするのではなく、事
前準備からイグジットまで、丁寧に取り組むようになります。雑なト
レードをするのではなく、ポジションを育てる感覚で取り組んでみてく
ださい。

利益を残すための イグジット方法

デイトレードはイグジットを決めてから入ること

　ここまで、エントリーポイントを中心に見てきました。デイトレード
は、エントリーしたらそこで終わりではありません。必ずイグジット
（利益確定、損切り）する必要があります。トレードしていくと、エン
トリーよりもイグジットのほうが難しいと感じる人が多いと思います。
私がビギナーの頃は「イグジットが難しいなんてありえない」と思って
いました。「勝てる手法なら、いいエントリーポイントを見つけること
ができ、そこで入れば勝手に含み益が出るから、どこでイグジットして
もいいのではないか」と考えていたのです。しかし、**トレードをやって
いくうちに、やはりエントリーよりもイグジットのほうが難しいことに
気づきました。その理由は、人間には欲や葛藤があるからです。**

　そもそも、エントリーポイントに正解はありません。イグジットも同
様です。トレーダーの数だけ売買のポイントはあります。正解がない以
上、そのトレードが正しいかどうかなど、決めようがありません。そう
すると、マウスをクリックするときに、今注文していいのかや、注文す
るベストな時期かどうかは迷うのです。もう少し利益を伸ばしたほうが
いいのではないか、損切りすると損失が確定するのでクリックしたくな
い、という迷いが生じるのが人間の心理です。エントリーするときは、

これから含み益になって勝てるという自信があるため、どちらかというとワクワクしています。つらい気持ちよりも、むしろ前向きな思考ではないでしょうか。ですから、**エントリーするときにメンタルを崩すトレーダーはいません。**

　問題は、イグジットするときです。イグジットには、損切りと利益確定の2種類があります。仮に損切りをするとき、エントリー時に感じたワクワク感はあるはずがありません。デイトレードだと数時間はホールドするため、これだけ時間をかけたうえに損を出すなど、悔しい気持ちになります。それが何度も続くと、さすがに損失を受け入れることができなくなり、損切りできずに放置してしまう、といった行動につながってしまうのです。

　一方、利益確定をするときはどうでしょうか？　みなさんは「儲かるのにメンタルが崩れるはずない」と考えるのではないでしょうか？　もちろん、利益を確定するわけなので、口座の残高は増えます。問題は、イグジットしたあとのことです。本来、勝ちトレードになったので、その売買は終わりにして次のチャンスを待てばいいだけです。しかし、利益確定をすると、「もっとホールドしていればよかった」という場面が、かなりの確率で発生します。そうすると、イグジットの難しさを痛感し、ときには悔しくて再エントリーすることもあるでしょう。

　その逆に、イグジットしたら反転することもあります。この場合は、ベストポイントで利益確定できたと喜ぶでしょう。しかし、ベストポイントを探すのは、エントリーと同じように難しいことです。テクニカル分析は、エントリーもイグジットも同じなので、難易度は同じです。イグジットも無数にあるのです。ベストなポイントまで待てばいいのですが、ポジションを持っている以上、損益変動は免れず、ものすごいプレッシャーがかかります。イグジットをしないと、「もっと増えるかもしれないけど、急に含み損になるかもしれない」という恐怖が襲ってきます。それがリアルタイムで進行するため、ベストポイントまで待つというのは、メンタルが邪魔するので難しいのです。

　エントリーをするときは、ポジションがありませんから、ベストポイントが来るまでいくらでも待つことができます。ですから、メンタルが崩れることはありませんし、葛藤もないですよね。しかし、ひとたびポジションを持つと、儲けたい欲と損したくない欲があらわになり、ベストポイントまで待つのが途端に難しくなるのです。エントリーもイグジットも、注文を出すだけです。それなのに、ポジションがあるかないかだけで、判断力が変わってきます。

　また、エントリーで成功したのに、イグジットで失敗したくない気持ちも出てきます。エントリーで失敗して含み損になり、さらにイグジットでも失敗するとなると、メンタルが崩れるのは必須です。

　では、適切なイグジットをするためは、どうしたらいいでしょうか？

　それは、「エントリーする前にイグジットポイントを絶対に決めておくこと」です。**先に決めておけば、損切りであれ利益確定であれ、ルール通りになるためメンタルが崩れません。**エントリー前のポジションがない状態で、先にイグジットポイントを決めておきましょう。

　ひとたびポジションを持つと、冷静な判断ができなくなるのは前述した通りです。ポジションを持ってから、相場の動きに応じてイグジットを決めるやり方もあります。これはトレード経験が豊富なトレーダー向きです。ポジションホールド中に自分のメンタルがどうなるかを理解しており、含み損益にかかわらず、冷静な判断ができる人がやることです。ビギナーにはおすすめできないため、必ずイグジットポイントを決めてからエントリーしましょう。

「どこで決済するかはエントリーしてから決めよう」というトレードは、厳禁です。「損切りおよび利益確定ポイントを決めてから、エントリーをする」というルールを徹底するようにしてください。

最も簡単なイグジットルールは値幅とネックライン

　イグジットは、「50pipsで利益確定、20pipsで損切り」というように、いつも数字だけで決めるのはあまりおすすめではありません。為替

市場は、時期や通貨ペアによってボラティリティは変わるため、数字で決めようとすると、それがベストな数字かどうかわかりません。米ドル／円はどの利幅にするか、ポンド／円ならどうするのか、また、大暴落するようなトレンドと、ゆるやかに進む場合では、値幅が大きく異なります。日によって相場は変わるため、決めようがないわけです。

　おすすめは、チャートで決める方法です。これなら、**エントリーからイグジットまで同じチャート分析で決めるため、一貫性のあるトレードができます。**ここでは、私が実践している最もシンプルなイグジット方法を紹介します。それは、ネックラインを使い、値幅を取る方法です。図5-01を見てください。ポンド／ニュージーランドドルの1時間足です。

図5-01　ネックラインを使って2倍の値幅を取る

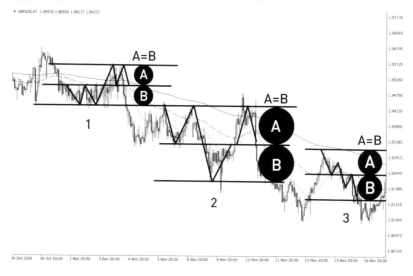

　1、2、3の3つの場面があります。どれも3本の水平ラインが引いてあり、AとBは同じ値幅です。1では、小さなダブルボトムとダブルトップの組み合わせですが、どちらも同じ値幅になります。最初にダブルボトムが出たあと、同じ値幅のダブルトップが形成されました。最初

のダブルボトムを値幅の基準とすると、上か下へブレイクしたときに基準と同じ値幅が出るということです。言い換えると、直近のレンジ幅（もみ幅）ができたとき、その値幅と同じだけ、上下どちらかに出やすいということです。

2は、少し大きな値幅です。1のレンジを下へブレイクし、下降トレンドが発生しました。移動平均線もパーフェクトオーダーですね。トレンド中のもみ幅の2倍が出ています。

3は、下降トレンドの戻り場面です。3は細かい値幅の取り方ですが、AとBは同じ値幅です。

このように、**ある相場から次の段階へ進んだとき、直近のレンジ幅（もみ幅）の2倍の値幅が出る傾向が多くあります。**価格は常に変動しているので、2倍が出るのは当然です。着目したいのは、どれだけシンプルにチェックできるかです。値幅を数字や目視で確認するのは大変です。利益確定の目標を決めるのに、毎回計算などやっていられません。このやり方なら、ラインを引くだけで2倍が取れるので、10秒もあればできます。レンジ幅ができたときにラインを引き、「それを上にブレイクしたらこのあたり」「下ならここ」というように、ラインで値幅を取るだけです。シンプルなので、面倒くさがらずにできるはずです。イグジットを決めずにエントリーすると、悲惨な目にあうのは前述の通りです。そうならないよう、エントリー前にイグジットポイントの目安を決める必要があります。

なお、2倍の値幅を取るには、3本の並行なラインを引く必要があります。MT4では、このラインを引くことができます。「フィボナッチチャネル」といわれるラインのパラメーターを変更し、引いていきます。図5-02を見てください。①、②、③の順番に選択し、④のフィボナッチレベルを1に設定します。OKを押してチャート上でラインを引くと、⑤のように3本のラインが引けます。ラインの上下の値幅は常に同じなので、横でも斜めにでも引くことができます。便利な機能なので、ぜひ活用してください。

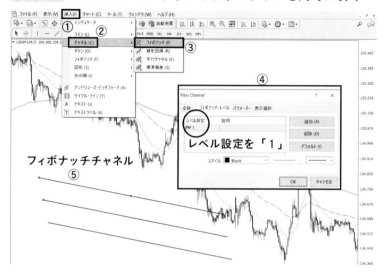

図5-02 フィボナッチチャネルで３本のラインを同時に引く

　別の場面を見てみましょう。図５-03は、ユーロ／米ドルの30分足です。ＡとＢは同じ値幅で、直近のレンジ幅の２倍が出ています。トレンドでも、トレンド終了後の下げ局面でも、２倍の値幅は活用できます。図５-04は同じ30分足ですが、イグジットはＣが目安にできます。このように、値幅を取るとイグジットに迷いがなくなります。

　また、チャートにラインを引くようになるので、それが練習になり、チャート分析に磨きがかかることにもつながります。イグジットを探るつもりでラインを引いているとき、新たなエントリーポイントに気づいたり、重要になりそうなネックラインを発見できたりするなど、相乗効果でトレードそのものが上達します。もちろん、利益確定は値幅を取ること以外にも判断基準は無数にありますが、シンプルな方法のひとつとして、検証してみてください。

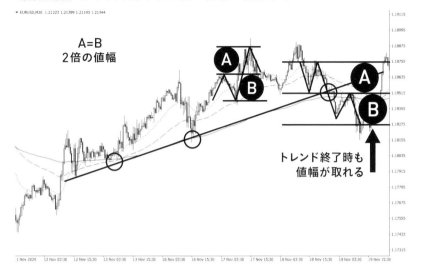

図5-03　どんな局面でも２倍の値幅が機能する

A=B
２倍の値幅

トレンド終了時も
値幅が取れる

図5-04　直近のレンジ幅の２倍が利益確定の目安

ネックライン

目安のネックラインがないとき
値幅を使うと利益確定がしやすい

　では、図5-05のチャートにラインを引き、２倍の値幅を取ってみ
てください。ポンド／米ドルの15分足です。テクニカル分析全般にい

えることですが、チャートをパッと見てすぐに情報を引き出せることはありません。**チャートの左側から丁寧にローソク足を観察し、ラインを**

図5-05　ポンド／米ドルの15分足で値幅を取ってみる

図5-06　２倍の値幅を取ったポンド／米ドルの15分足

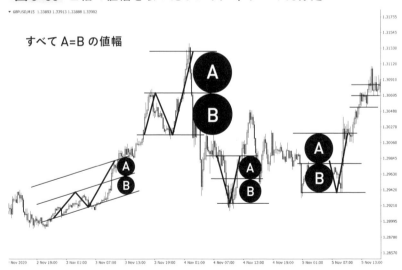

すべて A=B の値幅

引いては消すことを繰り返し、ようやくわかるようになります。ライン
を引いてしっくりこなければ、再度引き直してトライしてください。

　値幅の取り方は無数にありますが、私は図5-06のように引きまし
た。横だけでなく、斜めの値幅も取れるようになると、イグジットの選
択肢が増えます。チャネルラインを引くつもりでやってみてください。

　次に、図5-07で同じように値幅を取ってください。豪ドル／円の1
時間足です。先ほどの図5-05のチャートは、方向性がないチャートで
した。とりとめもなく上下動しているので、値幅が取りにくかったかも
しれません。今回はきれいな下降トレンドなので、ラインが引きやすい
と思います。

図5-07　下降トレンドの豪ドル／円の1時間足で値幅を取ってみる

　図5-08のように引きました。トレンド発生前のレンジは、移動平均
線と同じように水平に引くだけです。移動平均線を挟んで上下に2倍出
ることが多いです。そしてトレンドが出たあとは、エリオット波動を意
識すれば簡単に引くことができます。エリオット波動は、「第1波→第

２波→第３波」と動いていくものでした。この形がＮの字になるので「Ｎ波動」といいます。Ｎ波動が連続すると、下降５波が形成されます。５波を見つけようとすると難しいので、その構成要素であるＮ波動を観察すると、ラインが引きやすいでしょう。トレンドフォローのデイトレードは、この図５-08のようなトレンド発生時にポジションを持つことが多いです。この値幅の取り方を覚えておきましょう。

図5-08 トレンドの発生で値幅が出た豪ドル／円の１時間足

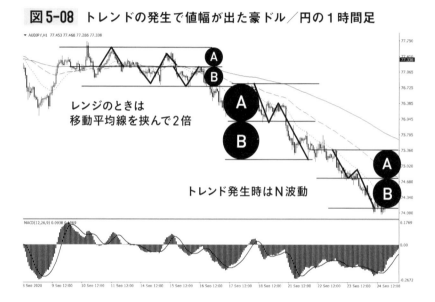

イグジットが決まらないときはエントリーしない

先述したように、エントリーするときは、イグジットを決めてから実行することが大切です。出口を決めずに入口に入っても、迷ってしまうのがオチだからです。仮に途中で迷いが生じても、出口が決まっているからこそ、そこに向けて戦略を立て直すことができます。出口が決まっていないと、迷いが生じたときに、何をどう対処すればいいかわからなくなってしまいます。ですから、イグジットが決まらないときは、エントリーは控えたほうがいいです。エントリーとイグジットは、必ずセッ

トで考えてください。

　デイトレードの手順は、次の通りです。再度確認してください。

デイトレードの手順

・事前準備（チャート分析）

・エントリーポイント

・損切りを決める

・利益確定を決める

　この手順が整ったら、はじめてエントリー注文をしましょう。どれか
が欠けていると、勝ちトレードにするのは難しいでしょう。また、ポジ
ションを持っていると、突然自信がなくなったり、変なプレッシャーを
感じたりするなど、メンタルへの影響があります。ひとたびポジション
を持つと、もう引き返すことはできません。マーケットにお金をさらし
た状態なので、失うリスクが常にあります。食うか食われるかの舞台
に、ポジションを持って出たわけです。まさか、戦略なしに勝負の舞台
に出るわけにもいかないですよね。勝てるタイミングがきたときに、**い
つ入り、どこで出るのかを考えたほうが、一貫性のある戦いができるの
は明らかです。**どれだけ傷を負ったら退散するのか（損切り）、どれだ
け得たら逃げるのか（利益確定）、これを決めることが原則です。原則
がなければ、いずれ負けるのは必須です。ですから、4つの手順をしっ
かり決めてからエントリーしてください。そのようなルールに仕立てま
しょう。

15 1日のうち 売買が急増する 3つの市場を洞察する

短期トレンドが発生しやすい時間帯を見極める

　FXは取引が24時間できる市場です。月曜日から土曜日の早朝まで
マーケットがオープンしているので、いつでもトレードできます。本業
がどんな時間帯の仕事であろうが、帰宅すればすぐに取引できます。自
分の好きな時間にトレードできるのは、FXの大きなメリットです。

　しかし、いつでもトレードできるからといって、必ず勝てるとは限り
ません。期待値がプラスの手法なら、やればやるほど資金は増えていく
でしょう。逆に、期待値がマイナスのトレードだと、資金を失うペース
が速くなります。これでは、トレードルールを作るよりも先に資金を失
いかねません。トレードに費やす時間が多いと、負ける回数が増えてし
まい、資金が減るスピードも速くなります。ですから、必ずしも24時
間取引可能なことが、儲けにつながるわけではありません。

　デイトレードでは、短期トレンドに乗ることが一番重要でした。**短期
トレンドが発生しやすい時間帯があれば、その時間に集中してトレード
することで、効率よく稼ぐことができます。**それ以外の時間は、買い物
や移動時間にあてたり、食事や睡眠を取ったりすればいいでしょう。
FXでは、短期トレンドが発生しやすい時間帯があるのも、デイトレー
ドで稼ぎやすい要因であるというのは、先述した通りです。それは、3

つの市場があるためで、「アジア」「ロンドン」「ニューヨーク」時間といいます。

　なかでも、それぞれの地域の午前中は、機関投資家が１日の売買をスタートさせるので、一気にボラティリティが加速します。日本時間だと、９時から11時、15時から19時、21時から25時の３つがそれにあたります。

ボラティリティが加速するのは各市場の午前中
・９時から11時（アジア時間）
・15時から19時（ロンドン時間）
・21時から25時（ニューヨーク時間）

　ですから、この時間にフォーカスしてトレードすると、効率よく稼げるというわけです。「毎日12時から15時の３時間トレードしているのに、全然トレンドが発生しなくて勝てない。デイトレードなんて時間のムダではないか」という人がいますが、そもそもトレードする時間帯が間違っているので、勝てなくて当然です。

　デイトレードは勝てないという結論は、知識不足が招いた結果です。１日のうち、３つの時間帯でトレンドが発生しやすいので、それぞれの時間帯で、マーケットがどっちへ行こうとしているのか洞察すると、チャート分析が深まります。３つの時間帯は、トレンドが発生する通貨ペアが異なり、値動きの特徴もあります。それぞれの特徴を見ていきましょう。

アジア時間は９時55分の仲値にフォーカス

　アジア時間は、９時から11時ころです。株式市場がはじまる９時から売買が盛んになります。会社のように「９時始業」と考えればわかりやすいですね。機関投資家も朝早く出社し、前日の分析や情報収集をし、株式市場がオープンする９時ころから積極的に売買を開始するた

め、最もボラティリティが出ます。

　なかでも9時55分の仲値前は、一番値動きが激しくなる時間です。仲値とは、外国為替市場でその日に取引するレートのことです。外貨へ両替するときのレートと考えてください。仲値を境に、相場の流れが変わることがあるので注意が必要です。逆に、仲値後のチャート分析がうまくいけば、いいポジションを取ることができます。仲値まで発生していたトレンドが、仲値後に続くのか、それとも反転するのかにフォーカスしてください。逆に、仲値をすぎてからトレンドが発生することもあります。どちらにしても、**仲値が相場の境になることを念頭に置いてみてください。9時55分を挟んで、流れが変わる可能性があります。**図5-09を見てください。豪ドル／米ドルの4時間足です。

図5-09　ネックラインをブレイクした豪ドル／米ドルの4時間足

　横と斜めのライン（ネックラインとトレンドライン）が引け、上昇トレンドとわかります。ネックラインを上にブレイクしたあと、S波動が出るかどうかのポイントに差しかかっています。Aでどのような値動きが想定できるか、イメージしてみましょう。移動平均線はパーフェクト

オーダーで、安値を切り上げています。また、ネックラインを4度目の
トライで上にブレイクしています。マルチタイムフレームの観点から、
下位足の15分足をチェックしてみましょう。図5-10です。

図5-10　仲値で流れが変わった下位足の15分足

15分足のAおよびネックラインは、4時間足と同じです。今回のポイ
ントは、9時55分の仲値です。①では、それまで上昇してきたにもか
かわらず、仲値をすぎると下落し、上値を抑えられている印象を受けま
す。そして、②の翌日の仲値では、逆に押し目となって仲値後に上げて
いきました。どちらも仲値が節目になっています。①では「**値が止まる
ポイント**」に、②は「**値が走り出すポイント**」になっています。

　特に②では、それまでに短期トレンドが発生して移動平均線がパー
フェクトオーダーになっています。そのうえで、仲値の直前に小さな下
落になってローソク足が25EMAと75EMAに挟まれました。ですか
ら、上昇トレンドに回帰するなら②が起点になる可能性が考えられ、買
いポジションが持てる場面です。図5-11のようにネックラインを引
き、エリオット波動を意識すれば、仲値が押し目になって上昇していく

イメージができます。このときのポイントは、上位足も上昇トレンドという点です。4時間足では、ネックラインを上にブレイクしてS波動が出そうなポイントでした。マルチタイムフレームは、常に意識して上位足と下位足を頻繁にチェックします。これで、上位足と下位足の方向性がそろったので、②の仲値後は上昇するイメージができます。トレンドに回帰したときは、N波動を意識して値幅を取るなどしましょう。

図5-11 上位足と下位足の方向性が一致して上昇トレンド回帰

ロンドン時間は強いトレンドが発生する

　15時から19時がヨーロッパの午前中にあたります。為替市場で最も取引量が多いのがロンドン市場です。この時間から強烈なトレンドが発生するなど、ボラティリティに事欠きません。特に、**ユーロやポンドがらみの通貨ペアは、ロンドン時間の前半にポジションを取ると、大きなトレンドで利幅が取れる**ことが多いです。ただし、反転する力も強く、高値をブレイクしたと思ったら反落し、安値を更新するなどのケースもあります。アジア時間で発生したトレンドが、全否定されて流れが変わ

ることもあります。このような切り返しがあるので、一筋縄ではいきません（切り返しについては後述します）。

　簡単ではありませんが、どちらかに方向性を出してくるので、振り回されることなく冷静にチャート分析をすれば、損益率のいいトレードができることは確かです。ロンドン時間をしっかり分析できれば、そのあとのニューヨーク時間も振り回されることなくトレードをすることができます。**デイトレードでは、このロンドンとニューヨーク時間の前半を制することができれば、かなり有利になるでしょう。**ロンドン時間を基準にし、それまでのアジアではどれくらい動いたのか、これからのニューヨーク時間はどれくらいトレンドが出そうかなど、考えるといいでしょう。

　図5-12を見てください。ポンド／円の30分足です。四角が1日分で、A、B、Cがそれぞれ16時です。どれも、16時を起点にトレンドが出ていることがわかります。A、Bは下降トレンド、Cは上昇トレンドです。ただし、規則性はありません。ロンドン時間だからといって上昇しやすい、もしくは下落しやすいというものはないわけです。売買が活発になるため、方向性が明確になりやすいというだけです。それまでの流れを踏襲するとか、ラインをブレイクして一気にトレンドを出しやすいので、トレードチャンスに事欠くことがないというだけです。

　デイトレードは、そのような**「値が止まるポイント」「値が走り出すポイント」で利益を出しやすいため、チャンスになることは確かです。**また、1回のロンドン時間で判断するのではなく、毎日追いかけることが大切です。そうすると、前日と翌日のロンドン時間でつながりを見つけることができます。

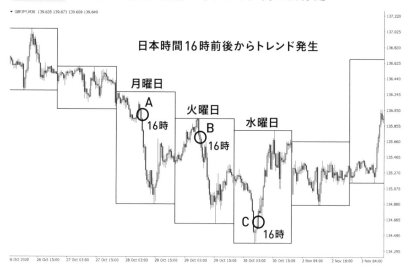

図5-12 ロンドン時間に動意づくポンド／円の30分足

日本時間16時前後からトレンド発生

月曜日
A
16時

火曜日
B
16時

水曜日

C
16時

　たとえば、Aは16時で、ここから急落しました。１日経過して戻って
きてBから再度急落しましたが、実は、Bの直前のレジスタンス帯がA
と同じポイントです。また、Cで上昇したあとは、Bの価格帯で止まっ
ています。このように、前日に相場が動き出した箇所が、翌日に値が止
まるポイントになっています。ロンドン時間だから機能しているのでは
なく、動いた時間帯がロンドン時間だったため、そこがネックラインに
なったのです。ですから、リアルタイムでロンドン時間にトレンドが出
るなど、値動きが激しくなったら、翌日以降にそのポイントがネックラ
インになる可能性が高いことがわかるのです。

　今日のチャート分析をしっかり行なっておけば、明日のトレードが楽
になります。どこがネックラインで、そのネックラインが形成されるプ
ロセスを、しっかり見ているわけです。そうすると、「これは昨日ブレ
イクした箇所だ。たしかに勢いがあった。戻ってきたらレジスタンスラ
インになりそうだ」というイメージができます。これは、前日の相場を
見ているからこそ、わかることです。特に、ロンドン時間に乱高下した
ときは、翌日もしっかり追いかけてチャート分析をしてください。そう

すると、チャート分析が深いレベルでできるようになり、値が止まる、もしくは走り出すポイントがわかります。

ローソク足が切り返すダマシに注意

　ロンドン時間の注意点は、値動きが乱高下することです。乱高下するのは相場なら当たり前なのですが、突然値動きが激しくなるので、そのスピード感に置いていかれないようにしてください。それまでは、時間がゆっくりと流れているような動き方で、あまり上下動しません。しかし、図5-12を見てもわかる通り、16時ころから一気に値幅を出してくるので、しっかり準備していないとトレードでついていくことができません。焦りからエントリーが早くなったり、含み損があっという間に拡大したりします。

　また、損切りまでの時間が短くて呆然とするなど、相場から置き去りにされてしまうケースもある局面です。ですから、だらだらとトレードしていると痛い目にあいます。また、**高値更新して上にいくと見せかけて下にいくなど、ダマシが頻発します。**ローソク足がくるりと切り返して反転し、含み益から一転して含み損になるなど、焦ることがたくさんあるので注意しましょう。

　図5-13は、ユーロ／円の15分足です。Aは17時ですが、ローソク足がくるりと反転して上昇トレンドが発生しています。こうして見ると普通の上昇トレンドに見えますよね？　しかし、Aの直前は、荒い値動きだったと思われます。ほぼレンジだった相場が、上昇しかけて下落し、さらにAで反発して上昇していきました。おそらく、1本のローソク足が確定するまでのティック回数（プライスを刻む回数）は、それまでのアジア時間よりも相当多いでしょうから、そのスピード感についていけないトレーダーが多くいたケースだと推測できる局面です。また、「上→下→上」とダマシがあったので、ロングもショートも含み損益の変動が大きくなります。Aでロングできればベストですが、一目均衡表を下

抜けし、当日の安値を目指しそうな下落中にロングするのは、難易度が高いです。

　Bも同じです。17時に向けて、直前に下げてきました。チャートだけ見ると絶好の押し目に感じます。しかし、リアルタイムでトレードしていると、Bでくるりと反転して上昇トレンドに回帰するなどはわかりません。スピード感を伴ってBの直前で下落したので、「当日の安値を下抜けるのではないか」と感じるでしょう。

　このように、ロンドン時間は動き出した方向へ、そのまま1回で進むわけではないので注意してください。2回3回と反転し、そのあと強いトレンドが出るときもあります。とはいえ、速いスピード感で乱高下しやすいというだけで、チャート分析の方法はロンドン時間だからといって変える必要はありません。トレンドが発生する前は、売買が活発になるので当然です。ですから、ロンドン時間はこの値動きが普通と考えて向き合うようにしましょう。方向性が出たらそれに乗る意識を持ち、早期エントリーを避けてじっくり観察します。ひとたび利益が乗れば損益率がいいトレードができる場面なので、チャンスになる時間帯です。

図5-13　17時にローソク足がくるりと反転するユーロ／円の15分足

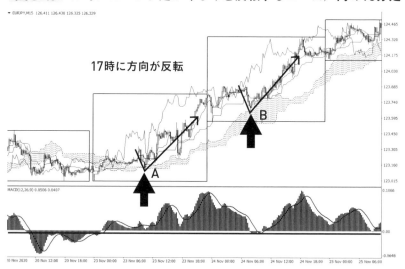

ニューヨーク時間はロンドンからの流れを見る

　ニューヨーク時間の午前は、日本時間の21時から25時です。ロンド
ン時間の午後と重なるので、ボラティリティはロンドン時間の午前と同
様に高くなります。19時から21時の間はニューヨークは早朝ですし、
ロンドン勢もランチタイムなので、いったん相場はおとなしくなりま
す。21時頃から動き出すので注意してください。私は、19時から21時
の間に夕食や入浴をすませます。ニューヨーク時間は、アジアとロンド
ンの流れが続くか、それとも反転するかの見極めをし、ポジションを取
るようにしています。

　図5-14は、米ドル／円の30分足です。A、B、C、Dが22時です
が、ニューヨーク時間だからといって特に規則性はありません。Dでは
下降トレンドが加速していますが、時間帯はあまり関係ないでしょう。
それまでのロンドン時間の流れが継続するか、それとも反転するのかを
意識します。注意点は、ポジションの管理です。新規にポジションを持
つと、イグジットポイントに到達しないままトレードを終えることが増

図5-14　ニューヨーク時間の米ドル／円の30分足

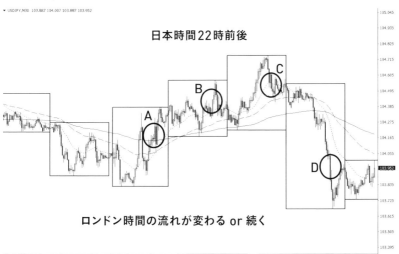

えます。そうすると、ポジションを翌日に持ち越す機会が増えますね。持ち越すときは、必ずOCO注文を入れるようにしましょう。

　ポジションの持ち越しは、リスクもあります。日本時間の深夜にあたるニューヨーク時間の午後は、それまでのハイボラティリティと打って変わり、売買が激減します。ヨーロッパの機関投資家は夜間になるので帰路につきます。ニューヨーク勢も、午前に利益を出した投資家は午後になると休むなど、参加者がかなり減ります。ですから、それまで発生していたトレンドが失速するなど、勢いが弱まる時間帯でもあるのです。含み益が出てそのまま持ち越すと、反転するリスクがあるので注意が必要です。

　図5-15を見てください。ユーロ／米ドルの30分足で、上昇トレンドが出ています。A、B、C、D、E、Fは24時です。移動平均線がパーフェクトオーダーになったBで買いポジションを持ち、持ち越したとします。翌朝は含み益が出ているので増えていてうれしいですね。一方、Cでは持ち越したあとに急落し、Bよりも下へ落ちました。

図5-15 翌日にポジションを持ち越すとリスクもある

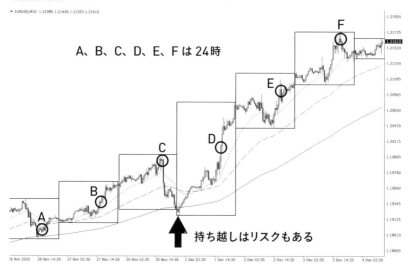

　１日ホールドし、寝ている間に含み損に転じたらとても残念です。Cの翌朝に損切りをすると、そこからDまで上昇しています。Dでは高値をブレイクしたので、ホールドしたほうがよかったことになります。

　このように、ポジションを持ち越すと、リスクもあります。ただ、持ち越すことでさらに含み益が増えるケースもあるので、どちらがいいかは一概に決めることはできません。ポジションのホールドが長くなるほど、損益変動が大きくなるというだけです。チャート分析をし、期待値が高いポイントならエントリーし、OCO注文を入れて持ち越せば問題ないでしょう。

　ただし、寝ている間にポジションを持つということは、保有時間が数時間ではなく、数十時間にも及びます。そうすると、思っている以上に損益が変動することになります。また、日本時間の早朝は、３つの市場のうちどの時間帯も重ならないので、極端に参加者が減ります。１日で一番少ない取引量なので、スプレッドが広く、値が飛ぶなどのケースが発生します。OCO注文を入れて寝ているとはいえ、不利な約定があったり、ちょっと逆行しただけで損切りにかかったりするなどしてしまいます。テクニカル以外でのリスクもあるので、持ち越す場合は本当に期待値が高いときに絞ったほうがいいでしょう。**含み益が拡大しているのを期待してポジションを持ち越すのではなく、テクニカルでしっかり考え、ポジションを管理してください。**

　大事なことは、そのトレンドが翌朝まで続くかどうかです。トレードを終える25時ごろに決済し、トレンドが継続していれば、翌朝再びポジションを取ってもいいはずです。あえて持ち越すからには、寝ている間に含み益が増えているという根拠がなければなりません。そのようなイメージができたときだけ、ポジションを持ち越すべきなのです。ロンドン時間からニューヨーク時間にかけてトレンドが出ると、それがそのあとも続くと思ってしまいます。ポジションを持っていて含み益が出ていると、さらに利益が伸びてほしいという願いもあり、結果的に持ち越してしまいます。ちょっとくらい逆行しても、さすがに含み損に転ずることはないと考えるかもしれません。

図5−16を見てください。ユーロ／米ドルの30分足で下降トレンドが出ています。A、B、Cは24時ですが、どれも翌朝にかけて戻りが出ています。もし、ショートポジションを持って持ち越すと、翌朝ポジションを見たときに、含み益が減っていることになるわけです。寝る前に決済しておけばよかった、ということになるでしょう。ニューヨーク時間から発生したトレンドなら、そのまま継続する可能性は高いですが、ロンドン時間から発生したA、Bの日のようなトレンドでは、ニューヨーク時間の後半で一時的に反転することが多いので、注意してください。持ち越すかどうかは、やはりテクニカルで判断しましょう。

図5−16　ロンドン時間から出たトレンドは反転することが多い

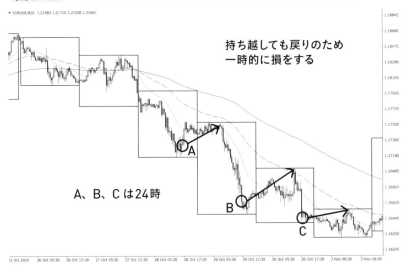

オプションカットとロンドンフィキシング

　ニューヨーク時間で注意すべきイベントが、「ニューヨークカットオプション」と「ロンドンフィキシング」です。オプションでは権利行使するための締め切り時間があり、「カットオフタイム」といわれます。

・カットオフタイム：日本時間24時（サマータイムは23時）
・ロンドンフィキシング：日本時間25時（サマータイムは24時）

　どちらも時間が決まっているので、毎日その時刻が意識されます。オプションでは、図5-17のようにオプションが設定されている価格が公開されています。カットオフタイムに向けて、その価格に近づくという習性があります。24時に向けて、その価格から乖離する方向へは行きにくいということです。ただし、必ずしもそうとは限りません。むしろ、逆へ進んだときのほうがストップロスを巻き込むなどして、急変する可能性もあります（ストップロスについては後述します）。ですから、**オプションが設定されている価格帯があったときは、そこが一種のネックラインになると考えておくといいでしょう。**

図5-17　ニューヨークカットオプションが入っている価格をチェック

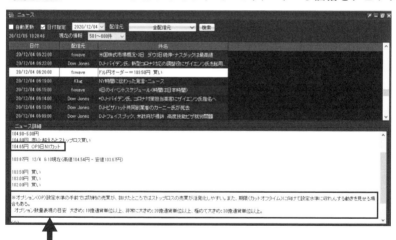

カットオフタイムは日本時間24時（サマータイムは23時）

　ロンドンフィキシングは、アジア時間の仲値と同じです。この時間の前後は売買が活発化し、乱高下することがあります。24時をすぎてからトレンドが出はじめるなど、24時という時刻が意識されます。とは

いえ、いつも24時で動くとは限りません。中長期の機関投資家のポジションが傾いたときに、ロンドンフィキシングで調整が入って乱高下することはあります。

　そもそもポジションがなければ様子見される時刻でもあるので、レンジ相場の場合は、数か月間も24時では反応がない場合もあります（機関投資家のポジションについて詳しくは後述します）。大きなトレンドが発生している通貨ペアは、月末のロンドンフィキシングで調整が入ると大きく動くことがあるので、トレンド発生中の通貨ペアは月末の24時に注意してください。

16 IMMポジションで
マーケットの縮図を見る

機関投資家の手口が見える

「IMM」とは、シカゴ・マーカンタイル取引所（CME）に上場されて
いる通貨市場で、「インターナショナル・マネタリー・マーケット」の
略です。ＩMM市場では、投機筋と実需筋の保有中ポジションが公開さ

図5-18 IMMポジションはマーケットの縮図

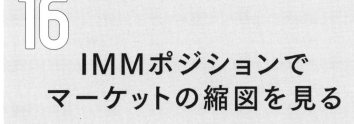

		IMM通貨先物（円）	(出所CFTC)							
		NY週末値	円通貨先物	COMMITMENTS						
	年月日	ドル円レート	1限月	① Non-Commercial(投機筋)						
				LONG	前週比	SHORT	前週比	差引	差引前週比	Spreading
128	20/06/02	109.62	91.24	61,958	4,085	29,379	6,113	32,579	-2,028	3,398
129	20/06/09	107.43	93.07	48,862	-13,096	31,400	2,021	17,462	-15,117	2,898
130	20/06/16	106.87	93.68	43,126	-5,736	21,016	-10,384	22,110	4,648	840
131	20/06/23	107.19	93.40	50,490	7,364	23,032	2,016	27,458	5,348	498
132	20/06/30	107.34	93.26	42,755	-7,735	18,894	-4,138	23,861	-3,597	2,195
133	20/07/07	106.93	93.59	44,043	1,288	27,231	8,337	16,812	-7,049	916
134	20/07/14	106.95	93.57	45,111	1,068	26,785	-446	18,326	1,514	342
135	20/07/21	106.01	94.44	50,854	5,743	31,547	4,762	19,307	981	1,755
136	20/07/28	105.80	94.58	62,924	12,070	34,417	2,870	28,507	9,200	1,091
137	20/08/04	105.96	94.43	52,073	-10,951	20,644	-13,773	31,429	2,922	936
138	20/08/11	106.60	93.83	48,158	-3,915	21,142	498	27,016	-4,413	1,992
139	20/08/18	105.85	94.48	41,717	-6,441	21,133	-9	20,584	-6,432	2,021
140	20/08/25	105.41	94.85	44,978	3,261	21,362	229	23,616	3,032	2,199
141	20/09/01	106.25	94.14	46,654	1,676	17,050	-4,312	29,604	5,988	1,922
142	20/09/08	106.09	94.27	44,850	-1,804	23,108	6,058	21,742	-7,862	4,615
143	20/09/15	104.62	95.68	50,360	5,510	27,471	4,363	22,889	1,147	910
144	20/09/22	105.60	94.78	59,033	8,673	29,452	1,981	29,581	6,692	1,684
145	20/09/29	105.38	94.98	47,535	-11,498	22,746	-6,706	24,789	-4,792	959
146	20/10/06	105.61	94.76	45,779	-1,756	24,677	1,931	21,102	-3,687	960
147	20/10/13	105.41	94.94	47,245	1,466	27,269	2,592	19,976	-1,126	1,558
148	20/10/20	104.72	95.55	46,524	-721	32,341	5,072	14,183	-5,793	736
149	20/10/27	104.67	95.59	46,131	-393	28,238	-4,103	17,893	3,710	631
150	20/11/03	104.27	96.87	51,012	4,881	22,914	-5,324	28,098	10,205	743
151	20/11/10	105.13	95.66	55,644	4,632	13,750	-9,164	41,894	13,796	1,183
152	20/11/17	103.91	96.34	40,313	-15,331	10,646	-3,104	29,667	-12,227	312
153	20/11/24	104.37	95.83	54,472	14,159	14,230	3,584	40,242	10,575	608
154	20/12/01	104.12	96.06	62,449	7,977	14,946	716	47,503	7,261	539

② ロング−ショートの数

円買いが上回る → 米ドル／円だと下落圧力

れています。機関投資家の手口が垣間見えるため、参考になります。

　なかでも重要なのは投機筋の動きです。投機筋は、我々デイトレーダーと同じように儲けるために売買しています。ある通貨で買い越しか、それとも売り越しなのか、中長期のポジションがわかります。ＩＭＭがすべての投機筋のポジションではありませんが、**世界のマーケットの縮図ともいえるため、市場全体の動向を表しているといえます。**

　メジャー通貨は、対ドルで円、ユーロ、ポンド、豪ドルの４つです。つまり、米ドル／円、ユーロ／米ドル、ポンド／米ドル、豪ドル／米ドルです。これらは主要な通貨ペアで、ネットで「IMM」とインターネットで検索すれば出てきます。図5‐18がIMMポジションの円です。

　ポイントは2つです。ひとつ目は、前述した投機筋のポジションを見ることです。①が投機筋です。２つ目は買いと売りのバランスです。②がロングからショートを引いた数量です。買いポジションが多ければプラス、売りポジションの多ければマイナスになります。ここでは、②は差引がプラスなので、買いポジションが多いということです。マーケット全体で、ドルに対して円が買い越されているという意味です。

　注意すべき点は、通貨「ペア」に換算したときの値動きです。円買いなので上昇トレンドと勘違いするかもしれません。しかし、対ドルで円買いなので、米ドル／円という通貨ペアに換算した場合は、円買いは下落です。米ドル／円で円が買われると、下落します。つまり、円高ということです。**IMMで円が買い越されている場合、米ドル／円では下落を意味するので注意してください。**

　再び②を見てください。この図では半年ほど円の買い越しが続いていることがわかります。つまり、米ドル／円の下降トレンドが発生している可能性が高いです。

　ポジションの偏りが大事なことに触れましたが、偏りがあると、いずれそのポジションは解消されます。膨大な買いがあれば、いずれそのポジション清算をするために、売り注文が出ます。それまでたまっていたものが解消されるので、場合によってはマーケットへ大きなインパクト

を与えることがあります。ポジションの偏りは、突然できるわけではありません。図5-18のように、何か月にもわたり徐々にたまっていきます。年単位で少しずつ偏りが生じることもあります。しかし、ポジションの偏りが解消されるときは、突然起こるものです。**積み上げたものが崩れるように、きっかけがあると一気に解消されます。**

　図5-19を見てください。米ドル／円の1時間足で、急騰している場面があります。これは、円買いポジションが解消されたと思われる場面です。円買いなので、米ドル／円はじりじりと下落します。相場へ影響を与える突発的なニュースが出ると、このように円買いポジションを解消する動きが集中し、米ドル／円は急騰します。こうした形で、マーケットのポジションはゆっくりと積み上げられ、きっかけがあると一気に解消されます。

図5-19　円買いポジションが解消されて急騰

もし、自分が米ドル／円をショートしているときに急騰があると、損切りが遅れる可能性があります。何が起きたのかわからず、ずるずると

含み損を眺めていると、数十pipsの損失ではすまないかもしれません。図5-19では、6時間で200pipsもの上昇をしています。それまではこんな上げ方はしていませんし、ショートをしているなら米ドル／円は下降トレンドでしょうから、びっくりしてしまう局面です。逆指値を入れていれば、損失は想定内です。もし、ちょっと目を離したすきに含み損が拡大していたら、大損することになります。ですから、IMMでポジションの偏りがあったら、それはいつか解消されるので、このような値動きは想定しておきましょう。

　対策としては、図5-20のように、エントリーしたら常に逆指値を入れておくことです。「ここを上抜けしたら下降トレンドが否定される」というネックラインを引き、確実に逆指値を入れるようにしてください。ファンダメンタルでは、いつどのようなニュースが出るかわかりませんから、テクニカルでしっかり判断しましょう。

　図5-20は、104.00円がネックラインです。ファンダメンタルで米ドル／円が買われる材料が出たとき、104.00円というテクニカル的な壁を上に突破すると、ファンダメンタルとテクニカルが同じ方向で一致するため、一気に買い注文が殺到することになります。もし、投機筋も同じ箇所で円買いポジションを解消したら、ものすごい円売りになります。それが、米ドル／円の急騰につながります。IMMポジションでは、通貨の偏りが買いと売りのどちらになるのか、定期的にチェックしてください。

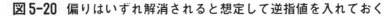

図5-20 偏りはいずれ解消されると想定して逆指値を入れておく

予期せぬ損失を防ぐため、
常に逆指値注文を入れておく

A　104.00 円
ネックライン

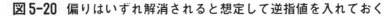

17 ストップロスオーダーは ネックラインになる

機関投資家の損切りポイント

IMMと同じようにチェックすべきことが、機関投資家のオーダー情報です。オーダー情報は、機関投資家の手口なので参考になります。どの価格帯に注文を入れているのか、1日に数回情報が更新されます。

なかでも大事なのは「ストップロス情報」です。ストップロスとは損切りのことです。機関投資家がストップロスを入れているということは、その価格にきたとき、損切りしたくない投資家と、損切りさせて壁を突破させたい投資家がぶつかり合います。そうすると、**ストップロスの価格がネックラインになり、レジスタンスにもサポートにもなります。そのため、価格が止まったり、逆にストップロスが執行されて大きなブレイクになったりすることがあります。**もしブレイクすると、テクニカル的な意味ではなく、実際にストップロスが実行されるので、相場が大きく動きます。ですから、ストップロス情報は必ずチェックし、そこにラインを引くなどしておくようにしてください。

ひと昔前は、ストップロス情報は有料でしたが、今は多くのFX会社で無料で見ることができます。私はJFXのニュースでチェックしています。図5-21を見てください。ヘッドラインニュースで1日に数回更新

図5-21 ストップロス情報をニュースでチェックする

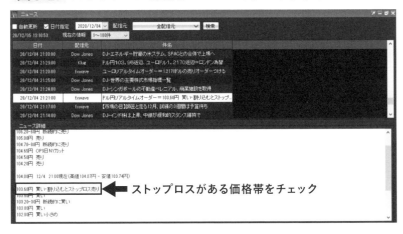

ストップロスがある価格帯をチェック

されるので、確認してください。実際に、103.60円に次のように書いて
あります。

「103.60円買い・割り込むとストップロス売り」

　つまり、103.60円にまとまった損切り注文がたくさんあるということ
です。現値が104.00円なので、買いポジションの損切りです。**仮にス
トップロスが執行されると、買いポジションの解消、つまり、大量の売
り注文が103.60円で発生します。**ですから、103.60円を下抜けすると
大量の売りが入るため、下降トレンドが発生したり、一時的に急落した
りする可能性があります。それを踏まえて、チャート分析をしていきま
す。

　ただし、ストップロスがあるからといって、必ずそこを抜けるわけで
はありません。図5-22を見てください。ストップロスは、その価格に
近づくと、下抜けさせたくない投資家もたくさんいるので、買い注文も
大量に入ります。A、Bのように、近づいたら反発する場合も多くある
局面なので、ネックラインのひとつとして認識するようにしてくださ
い。

図 5-22 ストップロスが入っている価格帯はネックラインになる

トレードノートの取り方

思いつくことを妥協せずに書き記す

　トレードルールを作る際、エントリーポイントを探すことにフォーカスしがちです。本Chapterでは、資金管理やイグジットポイント、3市場の特性を学びました。さらに、IMMポジションやストップロス情報もチェックするため、考えることはたくさんあります。情報は常に変化するため、ルール化するのは難しい面もあります。ただ、知っておくだけでも気をつけることができるので、知識の引き出しとしてしまっておいてください。

　日々の相場で、本Chapterで触れたことを意識してトレードできれば、スキルはかなり上達します。単純に、インジケーターやラインツールでチャート分析だけをするのとはひと味違うので、ビギナーを抜け出せる手がかりになるでしょう。

　私は、かつてストップロス情報をチェックせずにトレードし、相場が急変したときに対応できなかったことがあります。突然ポジションが逆行し、何が起きているかわからずに、すぐ戻るだろうとナンピンをしたのです。結果、そのまま戻ることなく、大損してしまいました。また、資金管理やイグジットを考えずにエントリーした結果、メンタルを崩し

て熱くなってしまい、無謀なトレードをしたことも、数え切れないほど
あります。エントリーは簡単にできますが、イグジットの難しさを感じ
ます。

　トレードノートには、とにかく思いついたことをすべて書き出しま
しょう。デジタルでチャート画像に書き込むときは、たくさんは書けま
せんから、ポイントを絞って書き込むといいでしょう。IMMポジショ
ンが解消されたのか、それともストップロスが執行された場面だったの
か。どうすれば勝てたのか、何が要因で負けたのか、どんなイグジット
がよかったのかなど、妥協せずに残していきましょう。残した分だけ引
き出しになり、上手に使えるようになります。

Chapter

6

トレード根拠を
見つける練習問題

19
複合テクニカル①
2つの時間軸

実際のトレードだと思って取り組む問題集

　このChapterでは、これまで見てきたチャート分析の方法をもとに、練習問題を解いていきます。この本の目的はトレードルールを作ることです。そのために、トレードノートに書きとめ、デジタルでチャート画像を残す作業が必要になります。書きとめると記憶に残り、引き出しに蓄積されます。引き出しは、「数と質と使い方」が大事でした。過去のチャートを分析し、ルールを作ります。そして、**リアルタイムの相場で引き出しを活用し、修正していきます。過去のチャートを問題形式で分析することで、より実戦に近い見方ができます。**また、問題を解くことで、相場について深く考えるようになります。ここでは私が問題を出しますが、身につけた手順は実戦で必ず役に立ちます。

　なお、これから紹介する例題は、実際にトレードしているものとして考えてみてください。すぐに答えを見るのではなく、ゆっくりと時間をかけてでも、自分で考え抜くことが大切です。チャートからどれだけ情報を引き出せるか、チャレンジしてみてください。1分足や1時間足をはじめ、2つ以上の時間軸を観察し、値が止まるポイントはどこか、値が走り出すポイントはどこか、考えてください。

15分足×1時間足×ダブル型×チャネルライン

　図6-01は、ポンド／豪ドルの15分足です。移動平均線とネックラインがあります。Aでどうなるか、イメージしてください。Aの手前は移動平均線がパーフェクトオーダーで、ネックラインで反落したポイントです。マルチタイムフレームの観点から、図6-02の1時間足を参考にしてください。1時間足のAは15分足と同じAの部分です。

図6-01　ネックラインで反落したポンド／豪ドルの15分足を予測

図6-02 15分足を1時間足で観察する

　まず、1時間足から見てみましょう。図6-03のように、トリプルボトムからネックラインを上抜けした形がわかれば楽ですね。

図6-03 ダブルボトムからネックラインを上抜けた1時間足

　移動平均線はパーフェクトオーダーなので、上昇トレンドがイメージできます。「上昇、横ばい、下落」の３つのうち、損益率がいいトレードをするなら、どの可能性が高いかといえば「上昇」ではないでしょうか。少なくとも、下落は考えにくい局面です。もちろん、ダマシとなって急落するかもしれませんが、ネックラインを再度下抜けしてきたら損切りすればいいだけです。逆に、利益は伸ばせるので、ラインを引いて利益確定ポイントを探ります。

　図6-04が15分足です。Aでは上昇しています。高値と安値を規則的に切り上げているので、チャネルラインが引けるかどうかも大きなポイントです。Bでは、もしかしたら下落するかもしれません。しかし、反発してきた場合は、上位足の１時間足と同じ方向性になるので、トレンドに回帰する可能性が高くなります。もしトレンドに回帰すれば、さらに高値を更新するため、チャネルラインの上限を目指すなど、利幅が取れるデイトレードができるでしょう。

「リスク：リワード」は１：２が可能な場面です。テクニカル的な根拠がひとつなら自信が持てないかもしれません。しかし、２つ、３つと根

図6-04 **高値と安値の切り上げを見つけてチャネルラインが引ける**

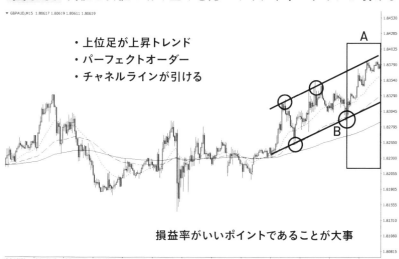

・上位足が上昇トレンド
・パーフェクトオーダー
・チャネルラインが引ける

損益率がいいポイントであることが大事

拠が重なるポイントなので、期待値はプラスです。このような場面でト
レードすることを心がけるようにしましょう。

1時間足×日足×値幅×N波動

　次の相場を見ていきましょう。図6-05は、移動平均線を表示した豪
ドル／米ドルの日足です。ラインを引き、Aがどうなるかイメージして
ください。日足を何本もイメージするのは難しいので、まず次のローソ
ク足が陽線と陰線のどちらになりそうかをイメージし、同じ色（陽線な
ら陽線）のローソク足が何本か連続しそうか、考えてみてください。下
位足の1時間足である図6-06も参考にしてください。

図6-05 移動平均線を表示した豪ドル／米ドルの日足を予測する

当日の日足が陽線と陰線の
どちらかイメージする

図6-06 豪ドル／米ドルを下位足である1時間足で見る

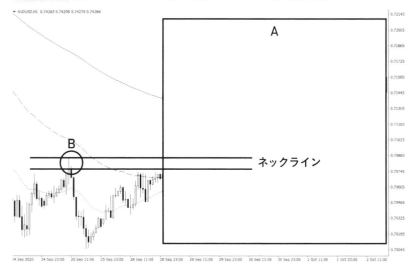

　移動平均線を見ると、日足では上昇トレンドですが、1時間足は下降トレンドです。方向性が逆なので、細かく分析しないとAでどうなるかはパッと見ただけではわかりません。日足のBは、1時間足のBと同じ箇所です。1時間足ではBの価格帯がネックラインになっており、このネックラインにぶつかるポイントで、上値を抑えられる可能性があります。一方、このネックラインを上抜けすれば、日足では上昇トレンドなのでそのまま上げていくイメージもできます。上下どちらの可能性もあるので、もう少し根拠がほしいところです。

　では、もう一度上位足の日足にラインを引いていきましょう。図6-07を見てください。

図6-07 ダブルトップが形成され2倍の値幅が取れる日足

　実は、最高値がダブルトップになっていました。このチャートパター
ンに気づくことができれば、日足の環境がわかります。フィボナッチ
チャネルを引くと、AとBで同じ値幅が取れます。また、Cの目立った
高値がネックラインになり、Bで反発するか、それとも下抜けするかと
いうポイントに差しかかっていました。大局は上昇トレンドなので、ダ
ウ理論の観点から、上昇が否定されるまで上げます。また、もし上げる
なら押し目が必要なので、Bは押し目になる可能性が想定できます。グ
ランビルの法則でも、移動平均線まで押したら再び買われます。

　結果は図6-08です。Bで反発し、陽線が4連続で出る形になりまし
た。

図6-08 ネックラインで押し目となり４連続陽線になった

　では、日足の４連続陽線を、１時間足にするとどのような上げ方がイメージできますか？　図６-08をもう一度見て、イメージしてください。

　結果は図６-09です。日足で４連続陽線なので、１日終わると始値よりも終値が必ず高くなりますね。ただし、一方向へ上げ続けるわけではありません。アジア時間から上げはじめ、ニューヨークの午後まで押し目なく上げることはありません。どの日も必ず押し目をつけるために、一時的に下げている時間帯があることに注目してください。

　①、②、③、④のどれを見ても、下げている局面があります。トレンドはN波動が連続して最終的にエリオット波動を描くので、必ず下げる局面が必要になるわけです。ですから、一直線に上昇せず、どこかの時間帯で下げるのが普通です。ただし、下げたとしても、決して安値を切り下げることなく、そのあと高値を更新していきます。

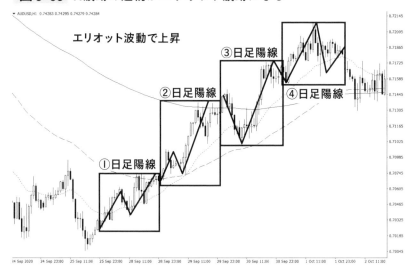

図6-09 N波動の連続がエリオット波動になる

エリオット波動で上昇

①日足陽線

②日足陽線

③日足陽線

④日足陽線

　実際のトレードでは、押し目をつけたときに、「もしかしたら押し目になり、このあと高値更新するのではないか？」と類推できるようになれば、問題ありません。いろいろな可能性が頭に浮かべば考えるクセがつくので、あたふたすることもなくなるでしょう。

　なお、上位足の日足でチャート分析ができていることが前提です。1時間足の図6-09だけを見て、①、②、③、④のプロセスをイメージするのは難易度が高すぎます。上位足で上昇トレンドの押し目というイメージがあるからこそ、1時間足で細かいプロセスがイメージできるのです。

15分足×4時間平均足×MACD×マルチタイムフレーム

　図6-10は、MACDを表示したユーロ／豪ドルの4時間足です。ローソク足ではなく、平均足になります。Aではどんなトレードができるか、イメージしてみましょう。

　ネックラインを上にブレイクした直後のチャートです。下位足の15分足（平均足）を図6-11で確認してください。どちらのAも同じ場面

です。平均足は、連続性が重要であることと、損益率がいいトレードを
意識することが大事です。

図 6-10　MACDを表示したユーロ／豪ドルの４時間足

図 6-11　４時間足を下位足の15分足で観察する

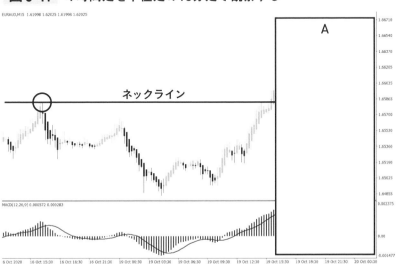

4時間足と15分足はどちらも上昇トレンドで、ネックラインを上抜けした直後です。MACDはどちらも上昇傾向で、ゼロレベルラインを下から上に突き抜けた状態です。ゼロレベルライン付近で初動をとらえることはできませんでしたが、まだ上げる余地はあるでしょう。エリオット波動の観点では、4時間足では第1波でネックラインまで到達したイメージです。

　結果は、図6-12です。ネックラインにぶつかって1回下げて押し目をつけ、今度はネックラインを突破するイメージが持てれば問題ないでしょう。それがN波動のプロセスだからです。エリオット波動だと、第1波でネックラインにタッチし、押し目が第2波、ネックラインをブレイクして上昇トレンドに回帰したのが第3波です。また、**トレンドは否定されるまでしばらく続くので、陽線が連続します。4時間足のような上位足だと、1本や2本で陰線が出るのではなく、10本前後は連続した陽線が出るイメージを持つといいでしょう。**

図6-12 陽線連続でN波動が形成されたユーロ／豪ドルの4時間足

　もちろん、Aの場面で急落する可能性もあります。あくまでも、出来
上がったチャートをあとづけで見ています。しかし、デイトレードで勝
つために大事なことは、勝率ではなく損益率です。損切りがすぐに行な
えて、利幅が伸ばせる場面でエントリーからイグジットのイメージがで
きるようでなければ、実戦では何もできないと考えてください。少なく
とも、過去のチャート分析で明瞭なイメージを持てなければ、リアルタ
イムのまっさらなチャートでイメージがわくはずはありません。ですか
ら、過去のチャート分析で練習を積み、実戦で経験を積むのです。

　では、詳しく15分足を見てみましょう。図6-13です。トレード中は
Aの箇所で上がるか下がるかわかりません。4時間足は陽線だとして
も、ブレイク直後のAは売買が活発になり、15分足だと揺さぶりがある
ため、陽線と陰線が入り乱れ、そのあと方向性を出してきます。ですか
ら、上昇トレンドに回帰するのか、それとも失速して急落するのかを
しっかり観察しましょう。

　ここでも、水平ラインが引けているかどうかが重要です。ラインも何
もない状態でローソク足（平均足）を見ていたとしても、状況をつかむ
ことができません。しっかりと水平ラインを引き、それよりも上と下の
どちらへ行くのか、ポイントを絞って見るからこそ、観察しようと思え
るのです。「ここで反発か反落か」という目的があるので、そのあと方
向性が出たときにエントリーできます。

　トレード中の注意点は、ここは値動きが速くなる場面なので、スピー
ド感があるはずです。しっかりとついていってください。「値が止まる
ポイント」「値が走り出すポイント」に差しかかった認識があるから、
そのあとのイメージができるのです。

図6-13 値が止まるのか動き出すのかを15分足で観察する

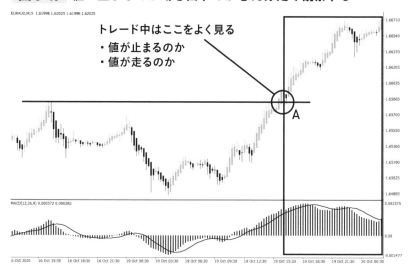

EURAUD,M15 1.61998 1.62025 1.61998 1.62025

トレード中はここをよく見る
・値が止まるのか
・値が走るのか

A

MACD(12,26,9) 0.000572 0.000283

　エントリーのタイミングを測るために、さらに詳しく5分足（平均足）で見てみましょう。図6-14です。

図6-14 5分足でラインを引きエントリータイミングを測る

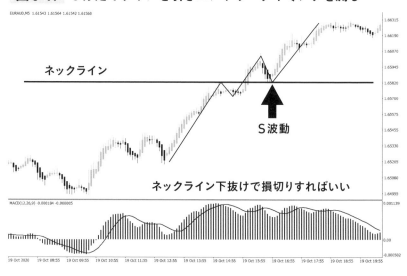

EURAUD,M5 1.61543 1.61564 1.61542 1.61560

ネックライン

S波動

ネックライン下抜けで損切りすればいい

MACD(12,26,9) -0.000184 -0.000005

「11 平均足で陽線と陰線の連続性を見る」でも述べましたが、4時間足未満の短い時間軸の場合、陽線と陰線の連続性という点に限り、ダマシが多くなります。少し逆行しただけで陽線と陰線の色が反対になるからです。ただし、ネックラインを引くなどの通常のチャート分析は、短い時間軸だとしてもローソク足と同じように活用できます。連続性をチェックするときにだけ、注意してください。

　ここでは、シンプルにエリオット波動を使います。ネックラインをブレイクしたあと、下落してネックラインにタッチしました。ここは、まさに値が走り出すポイントですね。**ネックラインを下抜けすれば損切りすればいいですし、S波動がイメージできれば、利幅が取れる場面です。**5分足だけを見てS波動が出そうだからといって、買いポジションが取れるわけではありません。上位足のチャート分析をすませ、流れを把握したうえで、タイミングを5分足で測るところまで終えていることが前提です。すでに、4時間足や15分足でチャート分析を終え、ある程度先のイメージできていることが重要ということなのです。

20 複合テクニカル②
チャートから情報を
読み取る練習

グランビルの法則×エリオット波動×移動平均線

　最後に、これまでの総復習をします。日足と1時間足で、チャートから最大限の情報を引き出してみましょう。

　図6-15は、移動平均線を表示したポンド／米ドルの1時間足です。上位足にあたる図6-16の日足を参考にし、下記の分析をしてください。

上位足から分析を落とし込む

① 横と斜めのライン（水平ライン、トレンドライン、カウンターライン）を引く

② ダブルボトムとダブルトップを見つける

③ グランビルの法則より、押し目 or 戻りを見つける

④ 1時間足をエリオット波動で説明してください

⑤ どこでエントリーすると期待値が高いか考えてください

　なお、問題はこれで最後なので、時間をかけてゆっくり考えてみてください。何も書いていないチャートから、いかにして情報を引き出せるかが、デイトレードで勝つために必要な練習です。

図 6-15　移動平均線を表示したポンド／米ドルの１時間足

図 6-16　１時間足の環境を見るために日足で大局を調べる

レジスタンスライン

１時間足の箇所

① 横と斜めのライン（水平ライン、トレンドライン、カウンターライン）を引く

　順番に見ていきましょう。ラインは、横だけ、斜めだけでなく、横と斜めの両方を引くのがいいでしょう。まず、水平ラインを引きます。図6-17のように引きました。コツは、高値や安値だけを起点にするのではなく、**ローソク足を突っ切るように引き、レジスタンスにもサポートにもなっているネックラインを引くようにすること**です。ラインではぴったり止まることはなく、必ず上ヒゲや下ヒゲになるので、注意してください。

図6-17　ローソク足を突っ切るようにしてネックラインを引く

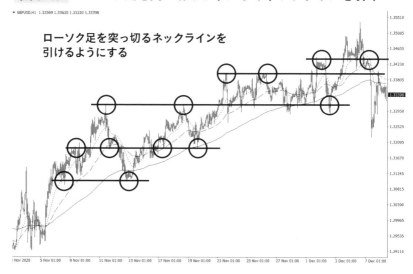

　次は、斜めのラインです。図6-18を見てください。トレンドラインは、チャートの左から右にかけて、長くゆるい角度で引くのがいいでしょう。細かいトレンドラインを引くのもいいですが、流れを見るためには長いトレンドラインが必要です。

　そして、移動平均線の角度に沿って引くのがコツでした。パーフェクトオーダーが発生し、3本の移動平均線はすべて上向きです。

200EMAに沿うと引きやすいでしょう。それを高値側にアウトライン
にすると、チャネルラインになります。**大きなトレンドライン（もしく
はチャネルライン）を引き、それから細かいラインを引くようにしま
す。**ここでは、カウンターラインも引きました。カウンターラインは、
１本ではなく何本も同じ角度で引くことをおすすめします。①、②、
③、④、⑤は同じ角度です。このように何本も引けると、押し目をつけ
てトレンドに回帰するとき、とてもわかりやすくなります。

図 6-18 斜めのラインはチャネルラインとカウンターラインで観察

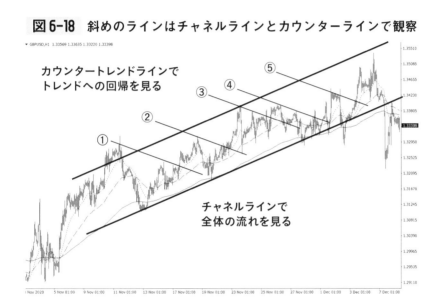

② ダブルボトムとダブルトップを見つける

　ラインを引いたら、チャートパターンを見つけます。ダブルボトムと
ダブルトップが見つかりました。図6-19です。チャートパターンを見
つける目的は、値が止まるポイントと値が走り出すポイントを見つける
ことでした。チャートパターンはラインを引くと認識できるので、結局
はネックラインを引くのと同じことです。

　また、いつもきれいなチャートパターンが形成されるわけではありま
せん。ローソク足がゴチャゴチャしているときもあり、よく見たら

チャートパターンに見える、という程度の場合もあります。ただ、ネックラインはしっかり引けるはずです。ですから、最初からダブルボトムやダブルトップを見つけようとするのではなく、ネックラインを引くつもりで観察するのがおすすめです。ラインを引いていたら、高値と安値があらわになり、それがダブル型であったというイメージです。どちらにしても、**ダブル型が形成されたときはもみ合いなので、そのあとネックラインを上下どちらに抜けるのか、よく観察しましょう。**

図6-19 ダブル型のチャートパターンはネックラインが重要

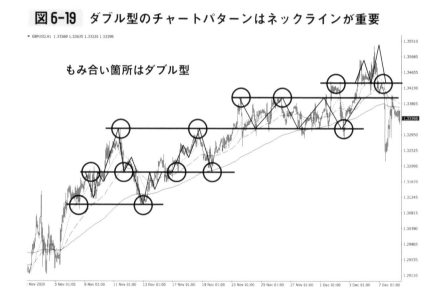

③ グランビルの法則で押し目を見つける

　今回は上昇トレンドなので、一時的な反転は押し目になります。押し目は、移動平均線を表示しているとわかりやすいでしょう。

　図6-20を見てください。この相場では、A、B、C、Dが大きな押し目になるでしょう。どれも、パーフェクトオーダーが解消されて、ローソク足と移動平均線が絡み合っています。もみ合いで、トレンドの小休止となります。リアルタイムで見ていると、A、B、C、Dに差しかかったとき、これから上昇せずにもっと下げてくるのではないかと思

図6-20 パーフェクトオーダーが解消されても押し目となる

押し目ではローソク足が
移動平均線に挟まれる

うかもしれません。現に下げてきているので、反発するイメージは持て
ないのはわかります。そのようなときは、安値を切り下げたかどうかを
チェックしてみましょう。A、B、C、Dは、どれも安値を切り下げて
いませんよね。200EMAより少し下へきていますが、どれも反発して
います。これが、200EMAより大幅に下げると、安値も切り下げるこ
とになります。そうすると、25EMAが200EMAより下にくるので、上
昇トレンドが否定されます。しかし、この相場は違います。しっかり反
発しています。

　エントリーをするときは、「上昇、横ばい、下落」の３つのうち、ど
の可能性が高いかをイメージすることが大事です。「パーフェクトオー
ダーが解消されたから下落する」という判断をしてしまうと、相場に振
り回されてしまいます。たしかに、Aではパーフェクトオーダーが解消
されました。このとき、３つの可能性を考えることが大切です。**「上昇
するならココから」** というポイントなので、もし上昇しはじめると、損
益率のいいトレードが可能になります。

　あとは、他のチャート分析と組み合わせてエントリータイミングを測

ります。B、C、Dも同じで、ここを下抜けすると上昇トレンドが否定
されます。一方、ここから上げて上昇トレンドに回帰すると、利幅が取
れるトレードが可能になりますね。では、どちらのほうが可能性として
高いか、さらに分析してみましょう。

④ エリオット波動で説明してください

　グランビルの法則と似ているので、合わせて考えるといいでしょう。
第1波の次に出る第2波が押し目になります。図6-21のように、A、
B、C、Dの押し目は同じです。安値を切り下げていないこともわかり
ます。ただし、エリオット波動の定義である「上昇5波、下降3波の合
計8波」にはなっていません。ラインの取り方によっては8波になるか
もしれませんが、私は図6-21のように取りました。

図6-21　トレンドは最終的にエリオット波動を描く

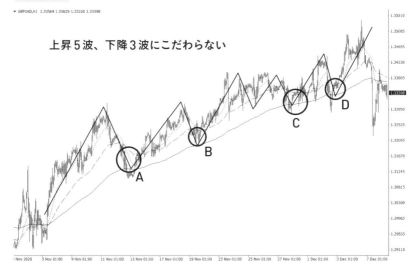

　大事なことは、第1波で上昇トレンドだと認識して、**第3波や第5波
など、その後の上昇トレンドに回帰したときに買いポジションを持てる
かどうかです。**

相場はN波動の繰り返しなので、安値を切り下げずに下落したときは、すべて買いエントリーのチャンスです。チャートパターンを含め、ローソク足の形はいつもきれいに出ないので、アバウトにとらえることも大事です。今回は、横と斜めのラインがしっかり引けるので、他のツールと組み合わせて総合的に判断していきましょう。ただし、エリオット波動だけでエントリーのタイミングがつかめるようにはなりません。これからどんな値動きになるかをイメージするときに、トレンド全体をとらえるのに有効な理論です。

⑤ どこでエントリーすると期待値が高いか考えてください

ここまで、横と斜めのラインを引き、3つの理論で流れを把握してきましたが、結局どこでエントリーすると期待値が高いでしょうか?

図6-16の日足の移動平均線はパーフェクトオーダーで上向き、1時間足も上昇のパーフェクトオーダーなので上向きです。方向性が一致しているので、買いポジションを持つのが、トレンドフォローのデイトレード戦略ですね。エントリーポイントに正解はありませんが、期待値が高いポイントは、次の2つではないでしょうか。

・押し目で反発したあと
・パーフェクトオーダーに回帰したとき

図6-22の1時間足を見てください。押し目をつけて反発し、ダブル型のチャートパターンが形成されて、ネックラインも引けます。エントリーはパーフェクトオーダーに回帰したA、B、C、Dあたりでしょう。底でエントリーすることはできませんが、直近高値のブレイクを待たずにエントリーできるので、損益率のいいトレードが可能です。

もちろん、これが必ずしも正解ではなく、どこでエントリーしても問題ありません。ひとつのインジケーターで判断するのではなく、いくつかのチャート分析を組み合わせ、**根拠が2つ、3つと重なるポイントで、損益率がよくなるときにエントリーしてください**。そうすれば、イ

グジットも簡単に決めることができます。根拠が薄く、相場観だけで適当にエントリーしてしまうと、どこでイグジットをすればいいか迷ってしまうでしょう。損切りしたときは、「やっぱりエントリーしなければよかった」と後悔するだけです。チャート分析をし、ここでエントリーすれば損切りも利益確定も簡単に見つかる、というポイントでエントリーすることを、繰り返し心がけるようにしてください。

図6-22 パーフェクトオーダーに回帰したときは損益率がいい

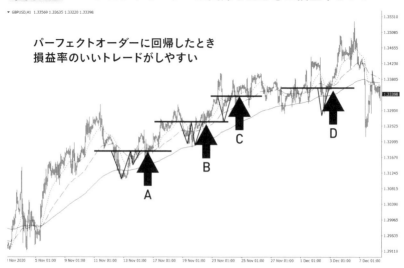

Chapter

7

デイトレードで
必ず勝つための思考法

21

高い
モチベーションを
キープする

ルールを作る前に、あなたの目標を確認しよう

　ここまで、トレードルールを作るうえで必要なテクニカル分析の知識と、その使い方を見てきました。練習問題を解くことで、自分がどのくらい理解しているのか、把握できたのではないでしょうか。インプットしたからといって、すぐにアウトプットできるものではありません。ですから、過去のチャートでどんどん検証してください。

　自分で問いを作り、それを解いていきましょう。デイトレードで勝つには、これまでにお伝えしてきた知識が重要ですが、本書を読んで終わりにするのではなく、自在に活用できるまでになってください。

　そして、知識と同じくらい重要なのが、「投資思考」です。同じ検証をするにしても、思考が定まっていないと、頭に入ってきません。**高いモチベーションを継続し、集中して取り組むことで、劇的なスキルアップが図れます。**このChapterでは、デイトレードで勝つための思考や心構えをお伝えします。

　あなたがデイトレードに興味を持ったのは、手軽に投資をはじめたいからでしょうか。「副業のFXで稼ぎ、将来の金銭的な不安を解消したい」という気持ちが大きい人も多いかと思います。できることなら、

FXでたくさん稼げるようになって、本業を辞めて専業トレーダーになりたいという方もいるでしょう。FXをはじめるきっかけは何であれ、デイトレードでお金を稼ぐという目標は同じだと思います。

　私もそうでした。FXをはじめたのは20代半ばでした。何としても投資で稼ぎ、雇われる人生から抜け出したかったのです。専業トレーダーになって、生涯続けるつもりでFXをはじめました。数年で稼いで終わりではなく、仕事として考えていたので、少なくとも60歳くらいまではやるつもりでした。その後30歳になると、60歳まで30年以上も先でしたので、たとえ勝てなくても最初の数年で結論づけるのではなく、長期的な視野で考えるようになりました。本当に数年間は勝てず、しかもリーマンショックで大損したのですが、それでも専業トレーダーになって60歳までやるという「明確な目標」があったので、続けることができました。もし、長期的な目標がなければ、大損のショックから立ち直れなかったかもしれません。ですから、FXを通じて自分がどういう人生を歩みたいのか、先のことをしっかりイメージしておくことが大事です。**イメージしておけば、うまくいかずに道から外れたとき、もとに戻ろうと思えるようになります。**しかし、戻る道がなければ、道から外れたことにも気づかず、感情任せの投資をしてしまうでしょう。

　デイトレードは、連戦連勝とはいきません。精神的なプレッシャーがかかるので、感情的になることも多々あります。そんなとき、目標がなければ、「FXなんてやめようかな」となってしまいます。時間と労力をかけたのに、お金が増えるどころか減るなんて、ばかばかしくなるでしょう。

「なぜデイトレードをやるのか」、そして「デイトレードで稼いで何がしたいのか」をあらためて考えてみてください。それを、しっかりとノートに書き込んでください。そうすれば、うまくいかず精神的につらいときでも、また読み返して再スタートできます。トレードルールを作るうえで、長期的な目標は関係ないと思うでしょうが、そうではありません。目標というゴールがあるからこそ、現在そこに向かってレールに

乗っているのか外れかけているのか、自分でチェックすることができます。

　結局、デイトレードはモチベーションがなければ続きません。楽して儲けることなどできませんから、先にゴールをしっかりとイメージすることがおすすめです。そうすれば、地に足の着いたトレードルールも出来上がるでしょう。逆に、目標を達成するために、「絶対にトレードルールを作る」という執着心もわいてくるのではないでしょうか。

　私は、何がどう転んでも、専業トレーダーになりたいという強い気持ちがありました。その結果、今こうして専業トレーダーになっています。専業トレーダーになって稼ぎ続けるにはどうすればいいか、逆算して考えることができたからです。ただ「トレードで勝ちたい」と考えているだけでは、投資スタイルの軸がぶれてしまいます。資金管理も曖昧になるのではないでしょうか。今日は疲れたからといって、チャートを見ない日も出てくるでしょう。結局、時間だけがすぎていき、「FXをやっても儲からなかった」「単なる時間のムダだった」という人生で終わってしまいます。そうならないよう、トレードルールを作る前に、FXでどうしたいのかをあらためて考えてみてください。**モチベーションがあるからこそ、トレードアイデアが浮かんだとき、それをコンセプトまで深め、ルールに練り上げていくことができます。**ルールを作る前に、あなたの目標を確認してください。それをノートに書きとめましょう。

ひとつひとつ丁寧に組み立てていくこと

　FXでは、とにかく焦らないことが大切です。副業だと、すぐに結果を求めがちです。また、メディアやSNSで勝ちトレーダーがクローズアップされ、何億も稼いでいる人を見るのは、もはや珍しくありません。そのような姿を見ると、「自分もそうなりたい！」と思うことでしょう。しかも、長期投資ではなく、デイトレードのような短期売買で、比較的短期間で勝った人が注目されます。ですから、自分もできる

のではないか、挑戦してみたいと思うかもしれません。

　しかし、メディアやSNSではごく一部の勝ちトレーダーが取り上げられているだけであり、その裏には星の数ほど多くの負けトレーダーが存在しています。FXは弱肉強食の世界なので、甘く考えて取り組むとすぐに退場になってしまいます。特に、短期間で結果を出そうとする人ほど、退場するリスクが急増します。**なぜなら、早く結果を求めてしまうと、常に焦った状態になるからです。**焦ると、チャートを見ても頭に入ってこず、まともな分析をすることができません。チャートから情報を引き出せず、トレードルールを作ることなどできないわけです。

　今、あなたは「早く勝ちたい」と焦っていないでしょうか？　自分に問いかけてみてください。もし焦りがあるなら、解消することに努めてください。適切な努力を継続すれば、デイトレードではある程度勝てるようになるので、どうか安心してください。短期で結果を出すのは難しいですが、私のように何年も継続していれば、いずれコツはつかめます。トレードルールを作るには、焦らずに、ひとつひとつの項目をゆっくり組み立てていきます。

　「03 トレードルールは自分で作ることが大切」でも触れましたが、トレードルールに必要な次の項目について、自分でじっくり考えていきましょう。

トレードルールとして決めておくことの例

・どのチャートを使うか
・使うインジケーターは？
・自分に合う通貨ペアは？
・どの時間帯でトレードするのか？
・エントリーのルール
・利益確定と損切りのルール
・値動きのイメージはできているか
・損益率はどれくらいを想定しているか
・取引枚数の根拠は？

・このトレードでリスクはどれくらいか？

・何連敗まで想定しているのか

・ポジションホールド中の行動は？

・トレード後の検証方法は何か？

・他人に説明できるトレードか

最後の詰めまで怠らないことが大切

「画竜点睛を欠く」ということわざがあります。竜を描いたときに、最後の瞳を書き忘れてしまい、完成しないことです。一見よくできているように見えても、最後の肝心なところが欠けているがために、全体が不完全なものになってしまうという意味です。

　トレードでも同じことがいえます。知識や経験があり、チャート分析や資金管理もしっかり行ない、他人に説明できるくらいのルールを構築できたとします。しかし、ポジションを持った途端に適当になり、最初に決めていたポイントに到達する前に利益確定をしたとします。ポジションを持つまでは完璧だとしても、最後のイグジットまで気を抜かずルールを守ることができれば、利幅が取れたでしょう。これでは、せっかくのいいトレードが台なしです。エントリーまでのプロセスがよくても、最後まできちんと行なわなければいけません。

　また、イグジットしたあともルールを改善するために検証する必要があり、たとえトレードが終わったとしても、やるべきことは山ほどあります。毎日の取り組みでどれかが欠けてしまうと、トレーダーとしての作業は完成しないということです。

　穴の開いたコップに水を入れているようなもので、どんなに入れる水が多くても、たったひとつの穴があると台なしになります。**そうではなく、水を入れる量は少なくても、欠けている部分を作らず、着実にためていきましょう。**水の量を増やすよりも、まずは穴を開けないことが大切です。受け入れる器が不完全だと、いずれ使い物にならなくなります。今の取り組み方で、何か抜けている部分はないか、定期的にチェッ

クしてください。広い視野で、いろいろな項目を意識的に見るようにしてください。

毎週末に検証するのがベストサイクル

　トレードで利益を上げるには、ルールを作る過程の取り組み方が勝負です。繰り返しますが、**ルールを決めたら実践して検証し、改善していく作業が欠かせません。**

　ほとんどの人は、検証と改善をやりたがりません。たしかに面倒かもしれません。本を読んで知識をインプットしたら、すぐに結果を求めたくなります。もしうまくいったら同じやり方を続けるでしょうが、使えないと感じたら、それをやめてまったく違うやり方に目が向くのではないでしょうか。そのとき、「何がダメなのかじっくり検証して改善し、利益が出せるレベルまで高めよう」とはなかなか思えません。しかし、デイトレードで成功するには、この地道な作業が必要です。特に、ビギナーである今、一番重要なサイクルです。これから大きく稼ぎたいなら、絶対に妥協せず、実践と検証は定期的に行なってください。できれば毎週末、Chapter 1で触れた「バルサラの破産確率」をはじき出し、自己分析もしっかり行なってください。1週間ごとに行なうのがベストサイクルです。検証する内容は、次の通りです。

毎週末に検証すること
- トレード回数
- 平均勝ちホールド時間
- 平均負けホールド時間
- 損益率
- 平均勝ち pips
- 平均負け pips
- 勝率
- 最大利幅

・最大損切り幅

　これを、チャート分析と合わせて考えていきます。チャート分析はできていても、エントリー後、目標地点に到達する前に利益を確定してしまうと、本来の期待値は算出できません。ルールを守ったうえでの数字かどうかは、とても大事です。ルールを破って平均勝ちpipsや勝率を計算しても、それはテクニカル的なルールの検証にはなりません。チャート上の期待値と、自分が行なったトレードは違うので、それも検証しなければなりません。ルールをきちんと守ったうえで、破産確率が10％なら問題ありません。しかし、ルールを破って、たまたま破産確率が10％だと、トレードルールは改善できません。改善すべきは、「自分自身がルールを守ること」だけです。

　このように、トレードルールを作る検証は、妥協せずに行なう必要があります。テクニカル分析と、「それをトレードした自分」を分析する必要があります。ですから、自分と向き合う覚悟がないと、面倒でできません。

チャートの1歩先を歩くイメージで取り組む

　私が利益を出せるようになったのは、チャートの先をイメージできるようになってからです。本書では、価格そのものを予測するのではなく、確率が高い方向へポジションを持つことを強調してきました。たとえば、「上昇、横ばい、下落」の3つのパターンのうち、上昇するならこう動くという軌跡をエリオット波動で描いたりしました。そして、トレードのタイミングをインジケーターで測るなどします。実戦では、このイメージが非常に重要です。

　イメージするということは、まだ訪れていない未来のチャート部分に目を向けなければなりません。チャートの右端部分です。トレードするのも、このチャートの右端ですよね。ですから、チャート分析では、**常**

に何も書いていない右端を意識しなければならないのです。**チャートの左側の、出来上がったローソク足だけを見ていてもダメなわけです。**もちろん、チャート分析は形成ずみのローソク足で行ないますが、それは未来をイメージするためです。チャート分析をして終わりではなく、必ず、チャートの右端をイメージすることを忘れないでください。図7‐01を見てください。

図 7-01　過去のチャート分析は未来をイメージするために行なう

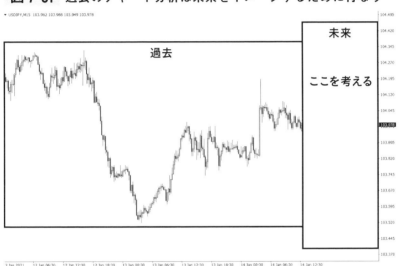

チャート分析は、未来をイメージするためです。そのために、過去のローソク足を分析します。私は、**いつもチャートの右端に自分がいて、うしろからローソク足がついてくるイメージをしています。**自分が思った通りにローソク足が追いかけてくるのか、それとも、違う道を行くのか。ローソク足は気まぐれなので、私のあとにピッタリついてくるわけではありません。フラフラして、ネックラインという壁を突破したら、いきなり上に走り出すかもしれません。それをしっかり監視するイメージを持ちます。条件は、「絶対に自分が先にいること」です。ローソク足よりも自分が前にいることで、未来も過去も意識的にチェックするよ

うになります。

逆ではどうでしょうか？　ローソク足よりも自分がうしろにいる場合です。これだと、**形成されたチャートだけを見ていることになり、いつまで経っても右側の先をイメージすることはできないでしょう**。人が通ったあとをついていくのが簡単なように、あとづけのチャート分析は誰にでもできます。何も考えなくていいからです。しかし、これではポジションを持ったあと、イグジットするまでのイメージをすることはできません。大事なことは、**自分が先にイメージし、それが正しかったかどうかを、あとから確認することです**。

逆に、出来上がったチャートをあとから分析するようでは、デイトレードでは勝てるようにはなりません。明日トレードするために、今日チャートを分析します。昨日トレードをさぼったらから今日チャート分析をするようではダメということです。今日チャートを分析し、未来がどうなるかをイメージする。そして、実際にどうなったのか、明日確認します。1日前のイメージが正しかったのか、それとも間違っていたのかをチェックすることで、今日これからトレードするときにイメージができます。

利益を上げるチャート分析というのは、こうすることで「深み」が出てくるのです。1日でどうなるものでもなく、毎日の連続性が必要です。今日チャート分析をしたら、明日確認しましょう。明後日も同じようにします。このように、ローソク足よりも1歩前にいるイメージで、復習よりも予習を行なうようにしましょう。

これは、1日単位でなくてもかまいません。1時間おきに行なってもいいです。1時間後のチャートをイメージし、1時間後に答え合わせをする。これを繰り返します。3時間や6時間後のイメージでもいいでしょう。好きな時間軸で行なってください。いつも、チャートよりも1歩先を歩くイメージです。

22

勝てるまでの
プロセスをイメージする

成果を出すまでの期間を「３年」に設定してみよう

　対象が何であれ、物事の結果を出すには相応の時間が必要です。FX
をやる人は、往々にして短期間で成果を出したいという人が多い気がし
ます。しかし、投資で成果を出すにはそれなりの時間が必要です。本書
で推奨しているのは短期売買ですが、長期投資や少額からスタートする
積み立て投資ともなれば、数年で成果が出ることはなく、何十年もかか
ります。また、それが一般的な投資ともいえます。短期で簡単に儲かる
なら、世界中に短期売買トレーダーがあふれてしまいます。

　そこで、**成果を出すまでの期間を３年に設定してみてください**。３年
あれば、実践や検証も相当できるので、コツもつかめるでしょう。ある
程度は勝てるようになっているはずです。イメージは、１年でひと通り
すませ、それをあと２回繰り返すことです。３年で検証を終わらせ、ト
レードルールを作るのではありません。１年でルールを作って、実践か
ら改善まで、すべて終わらせることです。ただし、１年で完璧になって
いることはなく、まだまだ検証が必要だと感じるはずです。また、FX
は終わりのない検証が続くことにも気づくはずですが、まずは１年でや
れることはすべてやってください。１年は長いと感じるかもしれません
が、本当に勝てるようになるまでは３年は必要ではないかと思います。

勘違いしてほしくないのは、3年後に成果が出るというわけではありません。結果がついてくるのは半年後かもしれませんし、2年先かもしれません。いつから利益が出はじめるかはわかりませんが、検証していく過程で、利益は出せるようになっていきます。それはともかく、現時点でやるべき検証内容と、1年後にやるべきことは違います。ですから、勝ち負けに関係なく、検証は3年は続けていくのです。途中で利益が出るようになっても、勝ちながら検証を進めるイメージをしてください。インプットしながら新しいものを作るつもりで検証します。1年後は、アウトプットを中心にできたものを改善するのが検証内容になっているはずです。ですから、3年はかかるのです。

　1年で大きく稼ぐつもりで3年かかると、予定通りに進んでいませんから、途中で嫌になるかもしれません。逆に、**3年かけて取り組んでいるなか、1年で勝てるようになると、とてもうれしいのではないでしょうか。**もっとFXを本格的にやりたいと思いますよね。同じ3年でも、最初の取り組み方で、とらえ方が異なります。FXに限らず、何事も短期間で成果が出ることはありません。長期的に、地道にコツコツと続けていきましょう。

　ちなみに私は、あと20年はトレードするつもりなので、長期的な視野で取り組んでいます。高い山を、無理せず少しずつ登るイメージです。もしかしたら、どこかで一時的に下り坂に差しかかるかもしれません。しかし、毎日続けていれば、必ずまた登りになるとわかっているので、焦らないで歩き続けることができるのです。これが、「1年で必ず成功しなければならない」と決めてしまうと、毎日焦ってしまい、どこかで怪我でもして下山するはめになるでしょう。短期ではなく、長期的な視野で取り組んでください。

3か月集中して、4か月目から軌道に乗せる

　あなたは、今、1日どれくらいの時間をFXにあてていますか？　も

しくは、これからFXをスタートしようと思っている人は、どれくらいの時間をFXにあてられそうですか？

　本業がある人は、時間は限られると思います。いずれにしても、ひとついえることは、本気でFXで稼ぎたいと思うなら、トレードルールを作るこれからの時期が一番大切です。短期間でルールをサクッと作ってしまいましょう。短ければ短いほどいいでしょう。なぜなら、**トレードルールの土台を作ってしまえば、あとは少しずつ改善していくだけだからです。**トレードルールは、いわば目的地とそこへたどり着くまでの工程のひとつです。行き先や、そこへ向かう手段が決まっていれば、あとは実行するだけですよね。「こうしたほうがもっと早く着くのではないか」というひらめきは、最初のプランがあるからこそ出てくるものです。行き先もないのに、効率よく最短でゴールにたどり着けることはないでしょう。もしたどり着けたとしても、それはまぐれであり、次に同じ行動を取ったとしてもうまく行けません。

　私は、前述の通りFXをはじめてから４年から５年ほど、明確なトレードルールがないままトレードしていました。下がったら買う、ある程度含み益が出たら利益確定するという、とても曖昧なルールです。そんなことをしているうちに大損し、時間をムダにしてしまいました。それから本気でルールを決めたら、勝てるようになったことは前述した通りです。当時の自分に必要だったもの、それは、トレードルールでした。これははっきり覚えています。最初からルールを決めていれば、何年も時間をムダにすることはなかったかもしれません。少なくとも、上達はもっと早かったでしょう。

　ルールを決めると、相場のいろいろなことに目を配るようになり、調べたりします。大損しないために、損切り幅を決めるとします。そうすると、「そもそも証拠金維持率ってどうやって計算するのだろう」などと疑問に思います。維持率を調べると、ナンピンやポジションの取り方について考えるようになり、レバレッジの使い方やリスクの取り方なども考えるようになります。そのリスクに見合う利幅や、それに合うテク

ニカル分析方法やポジションの保有時間など、FXのあらゆる面につい
て本気で考えるようになります。

　このように、トレードルールを作ることが、最短でスキルアップする
ことにつながるのです。ルールを作るのが目的ではありますが、そのプ
ロセスで得るものが大きいのです。

　そして、ルールを作るために、毎日取り組むことが重要です。時間は
１日２時間程度が理想です。ただ、そんなに時間が取れない人は、１時
間でも30分でもかまいません。時間よりも大事なことは、「毎日取り組
むこと」です。１週間の５日のうち、やらない日があると検証が途切れ
てしまいます。検証が途切れると、それを埋めるために、さらに１日が
必要になり、前に進むことができません。４日間何もせず、翌日に10
時間まとめてトレードと検証をするよりも、毎日２時間を５日間続ける
ほうが上達します。

　FXで稼ぎたいなら、甘いことはいわずに、本気で取り組んでくださ
い。FXで勝てるようになるまでの期間を３年にするのがおすすめだと
述べましたが、毎日の取り組みが軌道に乗るまでの期間として、３か月
は見ておくといいかもしれません。最初は、何をやっても意味があると
は思えず、葛藤もあるかもしれませんが、軌道に乗れば、あとは継続す
るのみです。まず３か月は、手探り状態でもあきらめずに続けてほしい
と思います。

チャート分析と利益を上げることは別物

「こんなにチャート分析をしているのに、なぜ利益が出ないのだろう
か？」

　しばらくすると、こういう疑問がわいてくると思います。でも、安心
してください。それは、本気でFXに取り組んでいる証拠です。ほとん
どの人は、「もっと真面目に検証したら勝てるようになりそう」「時間が
できたらちゃんとやろう」といった程度です。そうではなく、**少なくと**

も労力に見合う成果がほしいと感じたので、しっかり取り組んでいるのです。

　ただ、FXでは、チャート分析をしたからといって、利益が出るものではありません。利益を出すには、最後の詰めまでしっかりやらないといけません。画竜点睛を欠かないことが大事であるといいましたが、どんなにチャート分析が適切でも、トレードはタイミングがずれると勝てません。チャート分析の作業と、利益を上げるためにエントリータイミングを測るのは別だと考えてください。相場の流れが読めればデイトレードで勝てるわけではないのです。

　利益を上げるには、このタイミングが本当に大事です。チャート分析をし、**「上昇、横ばい、下落」の３つのどれになるかイメージができたら、エントリーするタイミングまでしっかりルール化するようにしてください。**今日の相場で上昇する可能性が高いとイメージできても、「いつから」上昇するのか、そこまで考える必要があります。それが今からなのか、それとも10時間後なのかにより、トレードの内容は大きく異なります。利益を出すのが目的なので、相場の流れをイメージしたら、ポジションを持つ必要があります。エントリーするタイミングまで、しっかり測るようにしてください。そこまで、妥協せずに決めましょう。**どんな高度な分析ができても、「実は勝てない理由はタイミングだけだった」**なんてことにならないようにしましょう。これは、トレード歴は長いのに、なぜかトレードで勝てない人にありがちな罠です。

　このタイミングを測るのが、最初のころは一番難しいポイントです。タイミングを測れるようになるためには、練習問題をひたすら解くしかありません。**チャート分析をし、疑問に思ったことはチャートが形成されてから答え合わせをする。**これを繰り返し、自分で問題を出して回答してください。そうすれば、エントリータイミングは測れるようになります。

　そして、ロットは小さくてもかまいませんから、実際にポジションを

持って、損益変動を経験してください。損益変動があると、自分のメンタルがどう変化するのかわかります。なるべくホールドする時間は短いほうがいいのか、それとも長時間ホールドしても平気なのか、それにより、資金管理も決めていきます。ポジションを持つことも、毎日やることが必要です。これから毎日ポジションを取り、損益変動のある生活を送っていくわけです。ロットが大きくなるにつれ、変動も大きくなります。それも、今からスタートしてください。「ルールができたらポジションを取ってみる」ということでは遅いのです。ルールを作りつつ、検証も改善も同時並行してトレードし、資金管理やメンタルについても考えていきましょう。

おわりに

　トレードで勝つために必要なこと……それは何でしょうか？　期待値の高いトレード手法があれば、それで勝てるようになるでしょうか？　いえ、勝てるようにはなれません。理由は、なぜその手法が優れているのかがわからないからです。

　手法を構築した人は、いろいろな検証を重ね、改善してきています。構築するまでのプロセスで試行錯誤をし、考え込んでいるのです。手法を構築できたのは、それまでのプロセスがあるからです。いきなり他人の手法に触れても、たとえそれがどんなに優れた手法やルールだとしても、それを扱うトレーダーにスキルがなければ、利益を手にすることはできないでしょう。

　ですから、**「自分でルールを作る」**ことが、トレードで勝つために必要なことです。繰り返しますが、最初から勝てるというのは無理なので、勝てるルールでなくてもかまいません。どういうときにエントリーするか、そしてどんなときにイグジットするのか、なんとなく「決めごと」をするだけで大丈夫です。デイトレードでは、ポジションホールドが数時間、場合によっては数日は持ち越すため、絶対にルールが必要なトレードスタイルです。感覚でトレードするのではなく、必ず決めごとをするようにしてください。

　そして、**決めごとに則って実践してみてください。そうすれば、検証ができるようになります。**重要なことは、決めたことをしっかり守ることです。

　最後に復習しておくと、デイトレードのルールを決めるうえで重要なのは、次の3点です。

デイトレードのルール作りで重要なこと
・損益率がいいトレードを前提にする
・値が止まる、値が走り出すポイントを見つける
・引き出しの数、質、使い方の３つを同時にスキルアップする

　これを行なうには、思いついたことをノートに書きとめ、記録しておくことが重要でした。ですから、「手書きのトレードノート」がまず必要です。そして、実践していくと、テクニカル的な気づきが出てくるので、それをスクリーンショットにメモする「チャート画像を撮る」作業も必要です。

トレードノートの種類
・手書きのトレードノート
・デジタルのチャート画像

　チャート画像は、３か月で100枚など目安を作ってください。１日５枚になりますが、ちょっと多いと感じるなら、まずは１日１枚でもいいでしょう。週末に検証できる記録を残しておけば問題ありません。
　大事なのは「検証」と「改善」です。ノートや画像、チャートを見ながら行ないます。アイデアやテクニカル的に大事なポイントなどを、思い出せるように記録に残しておきます。この作業を行なえば、あなたもデイトレードで勝てるようになります。私がデイトレードで勝てるようになったのは、まさにこの作業をしてきたからです。ですから、この理論は間違いないと確信しています。
　長期的視野で取り組む姿勢はもちろん大事ですが、本気でやれば、気づいたときには上達しています。ぜひ、本気で取り組んでみてください。

　2021年６月　　　　　　　　　　　　　　　　　　　　ぶせな

ぶせな

FXトレーダー。会社員時代の2007年にFXを開始。当初はスイングトレードで取引するも1100万円の損切りを機にスキャルピングへ転換し、成功する。その後デイトレードを併用し、確実性を高めていく。累計利益は3年目で5000万円、4年目で1億円、2021年6月現在1億6000万円を超えるカリスマトレーダー。継続的に利益を上げ続けることを念頭に置いているため、リスクを抑えることに重点を置くトレードスタイルが特徴。独自に編み出したライントレードをスキャルピング&デイトレードに当てはめて、13年間負けなしの実績を得ている。著書に『最強のFX 1分足スキャルピング』『最強のFX 15分足デイトレード』『最強のFX 1分足スキャルピング エントリー&イグジット実践ノート』（以上、日本実業出版社）がある。

公式ブログ：
FX億トレーダーぶせなブログ
https://busenablog.com
連絡先：fx_busena@yahoo.co.jp
Twitter：@busena_fx

最強のFX 15分足デイトレード 実践テクニック

2021年7月20日　初版発行
2023年2月10日　第2刷発行

著　者　ぶせな　©Busena 2021
発行者　杉本淳一

発行所　株式会社日本実業出版社　東京都新宿区市谷本村町3-29　〒162-0845
　　　　編集部　☎03-3268-5651
　　　　営業部　☎03-3268-5161　振替　00170-1-25349
　　　　　　　　　　　　　　　　https://www.njg.co.jp/

印刷／理想社　　製本／若林製本

ISBN 978-4-534-05862-1　Printed in JAPAN

下記の価格は消費税（10%）を含む金額です。

最強のFX 15分足デイトレード

ぶせな
定価 1760円（税込）

ベストセラー著者の第2弾！　移動平均線とネックラインの併用で10年間負けなしの「億」を引き寄せる「デイトレード」の極意。15分足は他のどの足よりもエントリーチャンスが圧倒的に多い！

最強のFX 1分足スキャルピング

ぶせな
定価 1760円（税込）

カリスマ人気トレーダーが独自の負けない手法を公開！「1000回チャレンジして1000回成功する機会」でエントリーをし続けて、「億超え」トレーダーになる方法をわかりやすく解説します。

最強のFX 1分足スキャルピング エントリー＆イグジット実践ノート

ぶせな
定価 1760円（税込）

FXで勝てない理由、それは「自分のトレードルール」がないから。カリスマトレーダーが実際に記録してきた売買ノートをもとに、常勝につながる記録術を紹介。記録は億トレーダーへの最短ルート！

儲かる！　相場の教科書
ローソク足チャート 究極の読み方・使い方

伊藤智洋
定価 1650円（税込）

テクニカル分析の第一人者が長年の研究によってローソク足のパターンの弱点を克服、相場で儲けるために必要十分なものだけを選び、読み方から具体的な仕掛け方まで明らかにした究極の解説書。

定価変更の場合はご了承ください。